나를 관찰하고 '지금 여기'에 집중하자

내 맘 살피기

저자 | 이마이 쇼지

루덴스미디어

이 책을 읽는 여러분에게

　마음챙김(마인드풀니스)은 불교의 가르침에서 발전했습니다. 하지만 이 책은 여러분을 '착한 아이'로 만드는 책은 아니에요. 여러분이 어떤 사람이든, 이 책이 여러분의 편이 될 수 있도록 마음을 담아 집필했어요. 이 책을 읽는 여러분 중에는 힘든 심정을 끌어안으면서 지내는 사람도 있다고 생각합니다.

　마음챙김은 간단히 마스터할 수 없고, 즉효성 있는 심리 트레이닝도 아닐지 모릅니다. 하지만 마음챙김의 사고방식과 활동 방법을 몸에 익히면, 어떤 상황에 놓인 사람이든 참된 행복을 찾을 수 있을 거예요.

　심리학자인 저에게도 여태 사라지지 않는 슬픈 체험, 분한 추억, 허무한 기분이 있습니다. 심리학을 구사해서 긍정적으로 생각하거나 낙관적으로 지내려 했지만, 옛날의 찝찝한 기분을 없애는 것은 불가능했어요. 그러다 마음챙김을 만나게 되었지요.

　어른이 되어도 좌절하는 일이 여러 번 있지만, 그래도 저는 마인드풀한 치유를 스스로에게 베풀며 평온하게 지내고 있어요.

　마음챙김이 특수한 훈련처럼 느껴질 수도 있습니다. 그렇지만 사실은 어른이 되기 전인 여러분이 '지금'에 집중하고 있으며, 마음챙김에 가까운 존재일지도 모른다고 생각해요.

　왜냐하면, 힘든 경험을 하며 어른으로 가는 계단을 오르는 과정에서는 항상 무언가와 겨루는 생활로 인해 마음이 흐트러지고, 마인드풀한 감정은 약해지는 경우가 많기 때문입니다. 자신에게 엄격해지거나, 친구를 경쟁 상대라고 생각하거나, 자신을 부끄러운 존재라고 생각하거나, 복수하겠다는 마음을 계속 가지거나, 다른 사람과 비교해 우울해하는 일 등이지요.

　그래도 어른이 되는 것을 두려워할 필요는 없어요. 이 책에서 마음챙김을 배워 실천해 가면, 성장하는 동안 괴로움만큼 즐거움도 똑같이 느낄 수 있습니다. 그리고 지금의 자신은 정말 바라고 있는 나 자신인지 진지하게 생각하고, 스스로가 믿는 가치에 따라 용기 있는 행동을 선택할 수 있게 됩니다.

　마음챙김의 사고방식이 무엇인지 감이 온다면 나아가서 조금씩 실천해 보세요.

이마이 쇼지

차례

이 책을 읽는 여러분에게 …………………………………………………… 3

제1장 마음챙김의 사고방식

1 시간 여행에서 벗어나자 ……………………………………………… 8
2 자기 주목은 시간 여행의 시작 ……………………………………… 10
3 과거와 타인은 바꿀 수 없다 ………………………………………… 12
4 내 생각의 버릇을 알자 ……………………………………………… 14
5 불쾌한 생각의 과정에 라벨을 붙이자 ……………………………… 16
6 불쾌한 생각은 캐릭터로 만들어서 함께하자 ……………………… 18
7 단정 짓지 말고 사물을 단순하게 보자 ……………………………… 20
8 '행위 모드'는 ON과 OFF를 구분해서 쓰자 ………………………… 22
9 '존재 모드'를 의식하자 ……………………………………………… 24
10 '얽매임'의 마음을 눈치채자 ………………………………………… 26
11 '제멋대로' 말고 '있는 그대로' 해 보자 ……………………………… 28
12 걱정하는 것은 쓸모가 없고 무섭지 않다 ………………………… 30
13 현실과 공상을 구별하자 …………………………………………… 32
14 소중히 하고 싶은 '내 가치'를 바탕으로 행동하자 ………………… 34
15 나도 모르게 의식이 향하는 건 왜일까? …………………………… 36
16 의식해서 집중 상태를 만들어 내자 ………………………………… 38
17 집중력을 갖추자 ……………………………………………………… 40
18 온 집중으로 세상과 연결된 것을 느낀다 ………………………… 42
19 완벽주의를 내려놓자 ………………………………………………… 44
20 흰곰에 대해서 생각해 버리는 사고의 습관 ……………………… 46
21 번뜩 오는 깨달음 …………………………………………………… 48
22 아슬아슬 세이프를 경험하자 ……………………………………… 50
23 자동 조종 모드가 도착하는 곳은? ………………………………… 52
24 자기 룰에 묶여 있지 않아? ………………………………………… 54
25 장점은 남과 비교하지 않아도 알 수 있다 ………………………… 56
26 실패했을 때에 생각하는 버릇을 바꿔 보자 ……………………… 58
27 내 감정을 이해하고 정성껏 나타내 보자 ………………………… 60
28 나 자신을 상냥하게 격려해 보자 ………………………………… 62
29 나와 타인을 용서할 수 있는 사람이 진정한 강자 ………………… 64
30 모든 사람과 마인드풀하게 교류하자 ……………………………… 66

칼럼 제2장 활동을 시작하기 전에 …………………………………… 68

제2장 마음챙김 활동

- 31 몸을 진정시키자 ………………………………………… 70
- 32 마음을 진정시키자 ……………………………………… 72
- 33 일상생활에서 들려오는 소리에 집중하자 …………… 74
- 34 개구리 활동 ……………………………………………… 76
- 35 온 집중으로 모든 것을 흡수하자 ……………………… 78
- 36 머릿속의 '호랑이'를 자유롭게 뛰놀게 하자 ………… 80
- 37 오감을 이용해 골고루 관찰하자 ……………………… 82
- 38 '싫어'와 사이좋게 지내보자 …………………………… 84
- 39 도전을 통해 현실 또는 자신과 마주한다 …………… 86
- 40 걱정은 저녁 7시까지 미뤄 두자 ……………………… 88
- 41 '레몬레몬레몬' 활동 …………………………………… 90
- 42 '단어' 활동 ……………………………………………… 92
- 43 찝찝함은 잎에 실어 강으로 흘려보내자 …………… 94
- 44 생각한 것은 나 같으면서 내가 아니다 ……………… 96
- 45 다양한 글자를 정성스럽게 쓰자 ……………………… 98
- 46 일을 정성껏 해 보자 ………………………………… 100
- 47 자세를 취하는 명상 ………………………………… 102
- 48 외계인이 되어 지구의 건포도를 먹자 ……………… 104
- 49 내 몸을 스캔하자 …………………………………… 106
- 50 걷기 명상으로 새로운 발견 ………………………… 108
- 51 몸의 균형을 이용해 마음의 균형을 정리한다 …… 110
- 52 껄끄러운 사람에게 말을 걸어 보자 ………………… 112
- 53 잠들기 전에 나와 모두의 행복을 빌자 …………… 114
- 54 상냥한 마음을 주고받자 …………………………… 116
- 55 나를 행복하게 하는 순환을 만드는 명상 ………… 118

칼럼 아이와 함께 마음챙김을 접하는 어른분들께 …………… 120

후기 …………………………………………………………… 122
저자 소개 ……………………………………………………… 124

제1장

마음챙김의 사고방식

시간 여행에서 벗어나자

'지금 여기'에 의식을 기울이는 것의 중요성을 이해해요.

머릿속에 떠오르는 과거와 미래는 '공상의 세계'인 걸 잊지 마!

고민할 때는 안 좋은 일이 자꾸만 떠오릅니다. 그 고민은 대부분 지금까지도 여러 번 생각해 왔던 '과거의 기분 나쁜 일'이나 '미래에 일어날지도 모르는 불안한 일'이지 않은가요?

머릿속에서 내가 상상하는 과거나 미래로 자유롭게 오갈 수 있는 상태는 마치 '시간 여행'이에요. 영화의 시간 여행과는 달리 과거나 미래를 고쳐 쓸 수는 없습니다. 그런데도 우리는 머릿속에서 과거와 미래로 이동하면서 '이렇지도 않아, 저렇지도 않아' 하고 계속 괴로워할 때가 있어요.

그럴 때는 몸만이 '지금 여기'에 있고, 마음은 과거나 미래로 가 있으니 마치 '탈피 후의 껍데기' 상태예요. 이때는 뭘 해도 잘되지 않고, 잘되지 않은 것을 또 후회하는 악순환에 빠지기 쉽습니다.

만일 친구가 여러분과 놀면서 '탈피 후의 껍데기' 상태로 과거의 기분 나쁜 사건에 대해 계속 생각하고 있다면 어떻게 하겠어요? "안 좋은 일이 계속 생각날 수도 있겠지만, 지금은 그냥 재미있게 놀지 않을래?" 하고 말하겠지요. 다른 사람의 일이라면 객관적으로 보이는 법이에요.

과거와 선입견에 얽매이지 말고 세상을 봐요!

 **안 좋은 생각이 들 때는 애써 억누르려 하지 말자**

불안이나 고민이 없는 사람은 없어요. 안 좋은 일이 떠오를 때는 '생각하지 말자!'라고 다짐하기 쉽지만, 생각은 억누르려고 하면 오히려 강하게 떠올라 버리곤 합니다. 생각하기 시작했다는 사실을 빠르게 알아차리고, 그 생각이나 감정을 마음 한구석에 두세요. 그러면서 지금 해야만 하는 일과 집중하고 싶은 일에 의식을 돌려 보세요. 싫은 생각은 '거리를 두고, 놓아둔다'와 같은 느낌으로 대하면 좋을 거예요.

체크 ☑ '지금 여기'에 집중하기 위한 Q&A

☐ 지금 여기에 집중하려면 싫은 생각이나 감정이 절대로 떠오르지 않도록 노력해야 해요. ✗

☐ 지금 할 수 있는 일에 의도적으로 의식을 집중하는 것은 마음챙김의 첫걸음이에요. ○

2 자기 주목은 시간 여행의 시작

자기 주목의 작용 과정과 메타 인지(자신의 생각에 대해 판단하는 능력)의 기능을 이해해요.

자신의 부정적인 사고·감정·감각에 주목하면 더 심해지기도….

우리는 늘 '나와 관련된 것'에 대해 생각하고 있어요. 심리학에서는 '자기 주목'이라고 하지요. 코가 조금 간지럽다고 느끼거나, 어제 있었던 사건을 떠올리거나, 즐거운 기분을 느끼는 것은 일시적인 자기 주목이에요.

예를 들어, 차멀미 느낌을 없애려고 이것저것 생각하다 보면 한층 기분이 나빠지고 구역질이 나는 것은 자기 주목의 작용이라고 할 수 있습니다. 이처럼 불쾌함을 느끼거나 싫은 것을 생각하기 시작하면 자기 주목을 좀처럼 멈출 수 없게 돼요. 결국에는 불쾌한 감각이 심해지거나 모든 일을 더 나쁜 방향으로 생각해서 기분도 점점 가라앉고 말지요. 그리고 마음이 이곳에 없는 '시간 여행'이 시작되어 주의가 산만해져 버립니다.

마음챙김의 사고방식과 대응 방법을 몸에 익히면 자기 주목이 시작돼도 '지금 여기'에 바로 의식을 되돌릴 수 있어요. 의식을 잘 움직이기 위해서는 자기 생각이나 감정(기분)을 실시간 중계하는 방법이 효과적이에요.

나의 내면이 아니라 바깥 세계를 관찰해요

포인트 자신에게 주목할 때는 관찰 모드로!

자기 생각, 감정에서 거리를 두고 관찰하거나 컨트롤하려고 하는 기능은 '메타 인지'라고 해요. 마음챙김에는 '자기 주목 중인 나 자신을 깨달을 것'과 '거리를 두고 계속해서 관찰하는 태도' 라는 메타 인지 활동이 포함되어 있습니다. 메타 인지는 약 만 9세 때부터 발달하기 시작해요. 따라서 초등학교 저학년 시기에는 싫은 생각을 내 것이 아닌 다른 것으로 취급하는 방법(18쪽 참조)을 추천해요.

 자기 주목에 대응하기 위한 Q&A ························

☐ 나에 관한 것은 어떤 것이든 답이 나올 때까지 진지하게 계속 생각하는 편이 좋아요. ✕

☐ 기분이 나빠지거나 안 좋은 생각이 떠오르면 '또 다른 나'의 시점으로 그것에 대해 실시간 중계해 보면 좋아요. ○

3 과거와 타인은 바꿀 수 없다

내 힘으로 바꿀 수 있는 것은 나 자신과 미래뿐이라는 것을 이해해요.

과거를 '좋은 추억이었어' 하고 느끼는 사람은 뭐가 다를까?

    마음챙김에서는 '지금 여기'에 집중해서 시간 여행을 빠져나오는 것(8쪽 참고)이 요점이에요. 그리고 '과거와 타인은 바꿀 수 없다'라는 사실을 명심해야만 합니다. 당연한 말이라고 생각할 수도 있겠지만, 우리는 필요 이상으로 괴로운 과거를 돌아보거나 타인에게 바뀌었으면 좋겠다는 기대를 하곤 해요. 게다가 이런 생각은 매번 같은 내용이며 같은 결론인데도 불구하고, 늘 생각해 버리고 마는 것입니다.

    하지만 힘든 과거를 돌아봐도 의미가 없다는 것을 알고, 굳이 괴로워하는 사고방식을 버림으로써 '지금 여기'를 더욱 잘 살아가고자 하는 나 자신으로 바꿀 수는 있어요. 지금 행복한 사람은 괴로운 과거도 좋은 추억으로서 얘기하는 일이 많습니다. 이렇듯 스스로에게 따뜻한 마음을 기울여 현재를 살아감으로써 직접 미래를 열 수 있어요. 지금 자신이 괴로운 사람은 필요 이상으로 힘들지 않도록 마음챙김 테크닉을 이용해 대처해 보세요.

지금의 충실함이 과거를 좋았던 것으로 해 줘요

포인트　과거와 타인의 평가가 너무 신경 쓰인다면

과거와 다른 사람은 바꿀 수 없다는 것을 알더라도, 계속 생각하거나 부정적인 기분이 될 때가 있어요. 그럴 때는 친한 친구나 가족에게 말해 보면 기분이 편해지고 지나치게 신경 쓰고 있었다고 생각할 수 있게 될지도 모릅니다. 만일 친구나 가족에게 말하는 것이 부끄럽다면, 학교 상담실에 이야기하면 분명 기분이 진정될 거예요.

체크　과거와 타인을 향한 사고방식 Q&A

☐ 과거에 일어났던 나쁜 일을 곱씹는 것은 지금 자신이나 미래의 나에게 도움이 돼요. ✕

☐ 싫은 과거를 대하는 법을 바꾸는 것은 '지금 여기'에 집중하기 위해서 중요해요. ○

4 내 생각의 버릇을 알자

나를 괴롭히는 사고방식의 버릇이나 그 과정을 이해해요.

내 생각의 버릇이 나를 괴롭히고 있기도 해요

　같은 말을 듣고 같은 사물을 봐도 사람들은 제각기 다른 것을 느낍니다. 사고방식과 감상법에는 사람마다 차이가 있기 때문이지요.
　친구를 상담해 준 경험이 있는 사람이라면 상대방이 고민하고 있을 때 "그건 너무 생각한 거야." 하고 말한 적이 있을 거예요. 하지만 정작 본인이 고민하고 있을 때는 '지나치게 생각했다'라고 여기지 않고, 오히려 스스로를 상처 주는 생각을 하고 있을지 모릅니다. 다른 사람의 생각하는 버릇은 눈치채면서 자신의 버릇에는 쉽게 둔감해지는 것이지요.
　그렇다고 해서 애써 긍정적으로 생각하는 버릇을 만들 필요는 없어요. 그렇게 해도 기분은 바뀌지 않는 경우가 많으니까요. 나를 아프게 하는 사고방식의 버릇에는 몇 가지 패턴이 있으니 우선은 그것을 관찰해 보세요. 친구에게 충고할 때처럼 객관적으로 공감하여, 내 사고방식의 패턴을 이해하면서 스스로의 버릇과 마주해 봅시다.

생각의 버릇 여섯 가지 패턴

임의적 추론
객관적인 증거가 없는데도 내 편견만으로 추론을 진행해요.

과도한 일반화
단 한 번의 사건만으로 그것이 일반적인 일이라고 생각하고 말아요.

과장과 축소화
사소한 사건이어도 싫은 일은 크게 받아들이고, 더 좋은 사건은 별것 아니라고 생각해요.

개인화
어떤 사건이든 나와 관련이 있다고 생각해 버려요.

선택적 추상화
내 편견이 옳다고 생각하는 정보 외에는 무시하고, 모든 것을 내 생각에 맞춰 기억해요.

이분법적 사고
'모 아니면 도', 흑백 중 하나인 패턴으로 사물을 생각하고 말아요.

 **나를 괴롭히는 생각의 버릇을 적어서 확인하자**

마음의 버릇(생각의 버릇)을 보기 쉽게 나타내려면, 고민이나 생각을 공책에 적어 보는 방법을 추천해요. 예를 들면 '내일 시험 괜찮을까……? 이번에는 공부하긴 했지만, 전에 봤던 시험은 망쳤으니 이번에도 못 볼지도 몰라.', '선생님께서 내가 잘 모르는 부분만 일부러 내시는 건 아닐까?' 등, 생각한 것을 그대로 적습니다. 적은 후 '생각의 버릇' 여섯 가지 패턴을 참고해서, 어떤 부분이 어떤 버릇인지를 확인해 봅시다. 해당하는 부분이 없으면 그 생각의 버릇에 직접 이름을 붙여 보세요. 친구가 고민을 적은 공책을 보듯이 객관적인 시점으로 보는 것이 요령이에요.

체크 ☑ 생각의 버릇을 알아볼 때 Q&A

☐ 내 생각의 버릇은 내 것이므로, 전부 알고 있다고 생각해요. ✕
☐ 내 마음의 버릇을 알아볼 때는 객관적인 관점으로 보면 좋아요. ○

5 불쾌한 생각의 과정에 라벨을 붙이자

내 생각이나 감정의 버릇을 이해해요.

내 생각과 감정은 늘 어떤 식으로 흘러가는 걸까?

우리가 어떤 부정적인 생각을 할 때는 '생각의 버릇'을 여러 가지 사용해서 사고의 연쇄를 만들고 있어요. 예를 들면, '난 뭘 해도 잘 안 돼.(과도한 일반화: 실제로는 잘되는 일도 있어요) 시험은 맨날 망치고(과장과 축소화: 실제로는 점수가 좋은 과목도 있어요), 선생님도 요즘 빈둥대는 학생이 눈에 보인다고 하셨고(개인화: 실제로는 특정 사람을 지목한 게 아니에요)……. 이런 식이면 학교에 갈 필요도 없어(이분법적 사고). 어차피 뭘 해도 잘 안 되니까(과도한 일반화)'처럼 말이지요.

부정적인 사고의 연쇄는 생각하면 할수록 복잡해지고 기분이 나빠져요. 그리고 부정적인 결론이 나오거나 생각하기 싫어도 그만둘 수 없게 되기도 합니다. 신기하게도 이런 사고의 연쇄는 언제나 비슷한 패턴이에요. 과정과 결과가 비슷하다면 매번 생각할 필요는 없을 것 같지 않나요?

수많은 물건을 상자 안에 넣을 때는 전부 꺼내서 확인하지 않아도 되도록 라벨을 붙여 놓곤 합니다. 걱정과 되새김도 마찬가지로, 사고의 연쇄가 시작되면 바로 '라벨'을 붙여서 머리 한구석에 두면 어떨까요?

생각에 라벨을 붙여 정리해요

분노가 가라앉지 않는 호랑이

다가가고 싶지만 다치는 것이 무서운 고슴도치

무엇이든 원인을 알고 싶은 탐정

창피당하는 것과 실패가 걱정되어 좀처럼 나아갈 수 없는 거북

포인트 | 라벨은 잘 관찰하고 분석한 후에 붙일 것

내 생각을 종이에 전부 써 보고, 그것을 객관적으로 관찰하기부터 시작해 보세요. 익숙해지면 '무엇을 목적으로 계속 생각하는 걸까?' 하고 객관적으로 분석해 봅시다. 분석 결과를 라벨의 이름으로 정해도 좋고, 나만의 라벨 이름을 붙여도 좋아요. 이와 같은 라벨의 이름은 기분이 나빠지거나 불안해지는 '사고의 연쇄'가 시작했을 때 쓰는 것입니다. 그러니 위에 있는 그림처럼 독특하고 재미있는 이름을 붙이면 마음이 편해져요.

체크 ☑ 라벨 붙이기의 Q&A

☐ '사고의 연쇄'가 전체적으로 '무엇을 목적으로 생각하고 있는가'라는 관점에서 라벨을 붙이면 좋아요. ○
☐ '사고의 연쇄'가 일어나고 있을 때의 감정 상황을 동시에 관찰하는 것도 라벨을 붙일 때는 중요해요. ○

6 불쾌한 생각은 캐릭터로 만들어서 상대하자

껄끄러운 생각과 감각으로부터 거리를 두고 관찰하는 것을 이해해요.

아무리 안 좋은 생각과 감각이어도 우리의 일부. 적당히 상대하자!

불쾌한 생각과 감각은 진심으로 바라고 있는 것이 아니라, 뇌가 우리에게 보여 주고 있는 단순한 이미지일 뿐이에요. 그럴 때의 감각은 필요 이상으로 신경 쓰지 않아도 돼요. 이럴 때 '심술쟁이는 또 그런 이미지를 떠올리게 하는구나.' 또는 '삐짐이는 또 필요 이상으로 화내고 있네.' 하는 식으로 가공의 캐릭터가 나를 그렇게 만든다고 생각해 보세요.

그리고 그 캐릭터들과는 '적당히' 함께하는 것이 중요합니다. "그래, 심술쟁이야. 나는 지금 다른 일에 집중하고 싶으니까, 방해하지 말고 알아서 해."처럼 시원하게 대응하는 것이 포인트예요. "야, 더 생각해 봐. 더 느껴 보자!", "내 얘기 더 들어 줘!" 하고 말하는 것처럼 감정이 부풀어 오르면, 아이를 달래듯이 "알았어, 알았어. 나중에. 지금은 집중해야 해." 하는 자세로 적당히 어울려 가요.

머릿속 캐릭터와는 적당히 교류해요

나쁜 감정은 어울릴수록 더 나쁜 감정이 되어 갑니다. 그 감정은 여러분의 일부일지도 모르지만, 필요 이상으로 상대할 필요는 없어요. 진정될 때까지는 그 일에 대해 생각하지 말고 내버려 두도록 해요.

❶ 생각이나 이미지를 그림 등에 적어 보세요. 그렇게 하면 내가 아니라 캐릭터가 생각하고 있는 것을 구체적으로 이미지화할 수 있게 돼요.
❷ 나쁜 이미지, 생각, 감정에 귀여운 이름을 붙여 보세요.

 **불쾌한 생각과는 적당히 어울리자**

나쁜 이미지와 생각이 여러분의 깊은 심리나 진실을 드러내고 있는 건 아니에요. 떠오른 생각이나 이미지를 미워하지 말고, 조금 귀여운 이름을 붙여서 캐릭터로 만들고 상대해 봅시다. 때로는 끈질기게 캐릭터가 여러분을 괴롭힐 수도 있겠지만, 항상 거리를 두고 관찰하듯이 어울려 보세요. 그렇게 하면 점점 이미지와 생각이 희미해질 거예요.

체크 ☑ **불쾌한 생각과도 교류하는 법 Q&A**

☐ 아무리 해도 떠올리기 싫은 생각과 이미지가 사라지지 않을 때는, 과감하게 아예 생각해 버리는 방법으로 대응하면 좋아요. ✕
☐ 불쾌한 생각과 이미지는 어떠한 메시지로서 의미가 있어요. 그러니 여유가 있을 때는 생각해 보는 것도 좋아요. ✕

7
단정 짓지 말고 사물을 단순하게 보자

바로 사물을 단정하거나 평가하고 마는 마음의 버릇을 이해해요.

무심코 단정 짓는 바람에 내 가능성이 좁아질 수도 있어요

금발에 탄 피부, 반짝반짝한 네일 아트, 화려한 메이크업을 한 여자아이가 도서관 철학 코너에 서서 책을 읽고 있어요. 이 아이를 보고 갭이 있다고 느끼는 사람도 있을 거예요. 그런데 왜 그렇게 느끼는지 생각해 본 적이 있나요?

우리는 무의식적으로 겉모습에서 성격이나 사회적인 배경을 마음대로 판단하여, '○○한 사람'이라고 단정하곤 합니다. 뇌는 사람과 사물에 대해 단순하게 처리하는 걸 좋아해요. 그래서 우리는 습관적으로 엮어서 생각하거나 고정 관념으로 판단하고 있지요. 이것은 우리의 내면에 관해서도 마찬가지라고 할 수 있습니다.

예를 들면 중요한 발표를 하고 있을 때, 평소보다 심장이 빨리 뛰고 있다는 사실을 깨달았어요. 이럴 때 '긴장하고 있는 걸까?'라고 생각하면 그건 판단이에요. 그러니 '평소보다 심장이 빨리 뛴다.' 하고 느끼기만 해요. 그리고 '평가하지 않는', '판단하지 않는' 태도로 사물을 바라봅니다. 마음챙김의 사고방식이에요.

과거나 선입견에 사로잡히지 말고 사물을 봐요

사람을 겉모습만으로 판단하지 않는다

모히칸 머리를 한 사람은 그저 '모히칸 머리를 한 사람'이라고 여기면 돼요. 무서운 사람이라고 생각할 필요는 없어요.

고정 관념에 휩싸인 생각과 행동을 바꾸자

'여자아이니까', '남자아이니까' 하며 얽매이지 말고, 성별이 아닌 한 사람으로서 상대방을 인식해요.

호불호 외의 평가 기준을 가진다

그 사람 또는 물건을 유심히 관찰해 봅시다. 그리고 사람과 물건을 그때그때 있는 그대로 받아들여요.

오로지 그 생각과 감각을 관찰한다

마음챙김 활동 때에 떠오르는 생각과 감각에 대해서는, '~의 징조다' 같은 판단을 하지 않는 것이 중요해요.

 포인트 '지금 여기'에 있는 자신의 눈으로 관찰한다

사물과 사람을 냉정하게 관찰하기 위해서는 '자신의 눈'으로 '지금 여기'를 보는 것이 포인트예요. 인터넷에서는 강한 말투가 더 쉽게 주목을 받고, 차별과 편견으로 이어지는 생각도 보이곤 합니다. 또한, 수많은 생각은 예전 정보에 근거하고 있는데, 사람과 사물은 모두 항상 변한다는 것을 명심해요.

체크 ☑ '평가하지 않는 것' Q&A

☐ 사람의 겉모습에서 얻는 정보는 그 사람의 일부일 뿐이에요. ○

☐ 사람은 그때그때 변하고 사회적인 가치관도 변화해요. 따라서 그때그때 '지금 여기'에 있는 사람과 사물에 대해서는 직감적으로 단정하거나 평가하지 말아요. 있는 그대로를 관찰하는 것이 중요해요. ○

8 '행위 모드'는 ON과 OFF를 구분해서 쓰자

'행위 모드'의 장단점을 이해해요.

행위 모드를 계속 쓰다 보면 중요한 걸 놓치게 돼

목표를 향해 행동하는 마음 상태는 '행위 모드'라고 불러요. 행위 모드는 일상을 매우 충실하게 만들지만, 때로는 내 생각과 감정에 휩쓸려서 몸과 마음이 지쳐 버리기도 합니다.

예를 들면 중요한 시험이 가까워졌을 때, '꼭 잘 봐야 하는데……' 하고 불안해진 상태를 해소하기 위해서 매일 공부를 열심히 한다고 가정해요. 이런 상태에서 시험공부를 계속하면 불안이 사라질까요? 더 말하자면, 불안이 사라져야만 할까요? 불안하지 않으려고 공부했는데, 시험 점수가 노력에 비해 낮게 나오면 어떤 생각이 들까요? 가능하다면, 불안이 점점 커지더라도 노력한 만큼의 점수가 나오는 편이 낫다고 생각하지 않나요?

이처럼 '행위 모드'는 내 감정과 생각을 적극적으로 마주하는 과정에서 본질을 잃어버릴 때도 있습니다. 체력과 기력이 바닥날 것 같으면 '행위 모드'를 일단 끄고 감정을 있는 그대로 받아들이는 모드로 바꿔 보세요.

'행위 모드'의 장점과 단점

◎ 장점

계획성과 적극성. 어떤 목표를 정하면, 그것을 달성하기 위해 계획을 세우고 적극적으로 몰두하는 것은 '행위 모드'의 장점이에요. 하지만 지나치면 금물!

△ 단점

- 다른 사람에게 비판받았을 때, 바로 반발해서 다툴 확률이 높아요.
- '만약 ~했었다면 어땠을까?' 하고 이것저것 생각해요. 그리고 그 생각을 상상 속에서 해결하려고 하기 십상이에요.
- 감정적인 자신에게 휘말리고, 그 감정을 어떻게든 하고 싶다고 생각하곤 해요.
- 늘 나는 무엇을 해야만 하는지, 뭘 하고 있는지, 결과는 어떤지를 생각하고 또 생각해서 지쳐 버리기 쉬워요.

포인트 초조해지면 '행위 모드'를 OFF한다

'행위 모드'는 내 감정 등을 적극적으로 살리면서 활동하는 상태이므로, 감정과 생각에 대해서 반응하거나 판단을 하고 있어요. 즉 나에게 있어 정말로 중요한 행동을 잃어버리는 '시간 여행' 상태(마음챙김과는 반대인 상태)라고도 할 수 있지요. 초조하기만 해서 나 자신을 잃고 있다고 느껴질 때는 '행위 모드'를 끄세요.

체크 ☑ '행위 모드'의 Q&A

☐ 행위 모드는 아무 도움도 안 되는 모드예요. ✕
☐ 행위 모드 생활을 계속하고 있으면 심신에 피로가 쌓이기 쉬워요. ○

9 '존재 모드'를 의식하자

'존재 모드'의 장점을 이해해요.

마음챙김이란 '존재 모드'로 생활하는 것!

'행위 모드'는 어떻게 하면 좋을까? → 좋은 일일까 나쁜 일일까, 그건 중요한 일일까? → 사람들이 받아들일 수 있는 일일까? 같은 수많은 판단의 연쇄를 만들어 가요. 예를 들면, 발표 전날에 겪는 불안, 친구를 향한 질투, 후회 등의 감정을 느끼면 마음이 점점 괴로워지고 자기 혐오에 빠져 버립니다.

그럴 때는 '존재 모드'를 발동해서 '지금 어떤 상태인가'만을 조심스레 살펴보세요. '불안하구나', '질투하고 있구나', '후회하고 있구나' 하고 관찰할 뿐입니다. 이때는 이유나 원인을 추구하지 않아요. 여러분의 가족이나 친구가 그런 상태일 때처럼, 가만히 다정하게 그 감정들을 지켜보세요.

어떤 감정이든 여러분의 일부이지만, 여러분의 모든 것을 의미하는 건 아니에요. 감정의 폭풍은 가만히 놔두면 천천히 부는 바람처럼 느껴질 거예요. '존재 모드'는 우리에게 아주 따뜻한 모드랍니다.

'존재 모드'를 ON으로 하자!

비판하지 말고 중립적으로
어떻게 해야 하는지 생각하지 않아요.
지금 일어나고 있는 일을 비판하지 말고
중립적인 입장에서 관찰해요.

인정하기
부정적인 감정이 떠오른다 해도
저항하려 하지 말고 받아들여요.

소극성과 낮은 목표 사고
필요 이상으로 얽히려 하지 말고,
'반드시 해낸다' 식의 압박이 되는
목표를 가지지 않아요.

감정에 관여하지 않기
내 감정에 간섭하면서 사물을
판단하거나 하지 않아요.

반응이 아니라 대응하기
누군가에게 비판받았을 때, 감정이 향하는
대로 반응하지 마세요. 더 나은 대화를 할
수 있도록 '대응하는' 것을 명심해요.

 '존재 모드'로 몸과 마음의 활력을 되찾는다

'존재 모드'는 문제를 해결하지 않고 목표를 적극적으로 설정하지 않아요. 그래서 소극적이고 멍하니 있는 것처럼 느껴질 수도 있지요. 하지만 계속된 '행위 모드'로 인해 하얗게 타 버릴 것처럼 되었다면 '존재 모드'가 나설 차례입니다. 조용히 자신의 감각을 그대로 느낄 수 있다면, 몸과 마음의 활력이 점차 돌아올 거예요.

체크 ☑ '존재 모드'의 Q&A

☐ '존재 모드'는 좋은 의미에서 소극적인 모드예요. ○
☐ '존재 모드'와 '행위 모드'는 톱니바퀴처럼 연동돼 있어요. ○

10 '얽매임'의 마음을 눈치채자

'얽매임'의 구조를 이해해요.

내가 얽매였다는 것을 깨달았을 때 마음이 해방돼요

우리는 여러 가지에 얽매여 살고 있습니다. 예를 들면 '일반적으로는 ~해야 한다'라는 고정 관념, 성별과 규칙의 얽매임이 있습니다. 더 개인적인 부분으로는 '짜증 난 상태에서는 공부에 집중할 수 없다'와 같은 감정에 사로잡혀 있기도 해요. 그밖에는 '빨간 펜으로 이름을 쓰면 불길하다' 같은 미신에 구애되기도 합니다.

혹시 이러한 일들에 지나치게 얽매여 행동을 조종당하고 있지는 않나요? 만일 그렇다면 마음챙김의 시점으로 얽매임의 구조를 이해해 보세요.

'얽매임'은 자기 자신의 싫은 감정, 생각, 행동을 전력으로 피하려고 해서 생기는 현상이에요. 남과는 다른 일을 하지 않으려 애쓰는 것은, 타인의 부정적인 평가와 비판을 피하고 있기 때문이지요. 스스로의 기분에 얽매여 있는 것은, 그 기분을 느끼기 싫다며 거부하려 하고 있기 때문입니다. 미신적인 행동에 얽매여 있는 것도 미래에 발생할 수 있는 위험에 관한 불안을 지우고 싶어서예요.

생각과 행동의 범위를 좁히는 얽매임 상태를 이해해요

❶ 기분이 기준
감정에 사로잡히면 그 당시의 감정으로 일을 결정해 버리거나, 대인 관계의 호불호를 정해 버리곤 해요.

❷ 고정 관념
'여자애니까', '남자애니까' 같은 고정적인 생각이나 '나는 한국인이니까', '어린아이니까' 등의 생각을 바탕으로 행동하면, 행동 범위를 스스로 좁혀 버려요.

❸ 얽매임 강화
'싫은 것을 없애야만 한다'와 같은 자세에 얽매이면 그것만 신경 쓰게 돼요.

■ 왼쪽 장면에서는…

❶ 불안하니까 그만둔다.

❷ 추천받는 사람이 하는 것이다. (입후보는 이상하다)

❸ 나는 반장을 하는 타입이 아니다.

 **도전할 수 없어, 후회하는 것은 '얽매임'의 신호**

하고 싶은 일이 있는데 좀처럼 도전할 수 없을 때는 '얽매임' 상태일 수도 있어요. 반대로, 사람이나 물건에 대해 생각지도 못했던 반응을 하고 후회할 때도 '얽매임'이 관계됐을 수 있지요. 얽매인 마음으로 계속 생활하면 그것이 내 안의 규칙이나 가치 기준으로 변해 갑니다. '얽매임의 규칙'은 여러분의 상상력을 빼앗아, 원래는 자유로워야 할 적극성을 감옥에 가둬 버릴 위험이 있어요.

체크 ✓ '얽매임' Q&A

☐ 얽매여 있는 상태에서는 도전 정신이 약해지거나 인간관계가 좁아지곤 해요. ○
☐ 얽매인 상태가 오래 이어지면, 그때그때 생각하지 않고 일에 무의식적으로 반응하는 상태가 돼요. ○

11 '제멋대로' 말고 '있는 그대로' 해 보자

자신의 상태를 그대로 받아들이는 것의 의미를 이해해요.

싫은 감정과 해야 할 일을 피하지 말고 받아들이자

　'이런 사람이 되고 싶다'와 같은 이상을 위해 노력하는 것은 정말 중요해요. 하지만 그 마음을 지나치게 추구하면 '이렇지 않으면 안 돼'처럼 나를 괴롭히는 생각으로 발전할 수도 있어요. 집념이 너무 강하면 때로는 나다움을 잃어버리게 됩니다. 여러분은 지금 이대로도 충분히 매력적이에요! 이상을 너무 추구한 나머지 원래 있던 장점이 사라진다면 아깝지 않나요?

　나 자신이 변할 수 있는 상황이 왔을 때는, 흐름에 몸을 맡기고 받아들여 보세요. 이상적인 자신이나 바꾸고 싶지 않은 자신에 구애되는 태도는 '제멋대로'라고 해도 좋겠지요. 제멋대로는 '행위 모드'이므로 늘 마음이 불편합니다. 이렇게 하고 싶고, 저렇게 하기 싫다는 생각에 얽매이지 말고 자연의 흐름에 몸을 맡기세요. 그때그때 '있는 그대로' 생활해 보는 거예요. 있는 그대로는 '지금 여기'의 나 자신을 정면으로 받아들여 살아가는 것이며 '존재 모드'(24쪽 참고)로 이어집니다.

불안한 기분은 피하기보다 인정하는 것이 '있는 그대로'의 첫걸음

❶ 고집을 버려 보자
스스로가 곤란해질 것 같은
얽매임을 찾았다면 조금씩
버려 보세요.

❷ 불쾌감을 지우려고 하지 않기
나쁜 감정과 생각을 지우려고 하면 오히려 악화하는
법이에요. 처리하려고 하지 말고,
그 감정을 인정하고 품어 봐요.

❸ 목적 기준
내가 목표하는 것이나 내게 필요한 것을
회피하지 말고, 목적을 달성하기 위해 행동해요.

 **기분에 휘둘리지 말고 그대로 해야 할 일을 하자**

'있는 그대로'란 얽매임과는 반대인 상태예요. '있는 그대로'는 나쁜 감정과 생각을 '그대로 내버려 두는' 의미로 쓰이지만, 그 밖에도 원래부터 할 예정이던 일은 거부하지 말고 '그대로 행동한다'라는 의미가 있어요. 기분이 어떻든 해야 할 일을 거부하지 않고 (그대로) 행하는 것을 '있는 그대로'라고 할 수 있지요. 이는 일본의 심리 요법인 '모리타 요법'에서 등장하며, 마음챙김과 공통점이 많은 사고방식이에요.

체크 ✓   '있는 그대로' Q&A

☐ '있는 그대로'란 감정을 그대로 두는 것뿐만 아니라, 원래 할 예정이던 일을 진행하는 태도를 말해요.   ◯
☐ 놀고 있을 때도 '있는 그대로'가 중요하므로, 그대로 계속 노는 편이 좋아요.   ✕

12 걱정하는 것은 쓸모가 없고 무섭지 않다

걱정이 계속되는 원리와 악화하는 원리를 이해해요.

걱정하고 있는 나 자신을 걱정하게 됐다면 위험 신호

　우리는 불안해지면 이것저것 '걱정'하기 시작해요. 걱정의 목적은 일어날지도 모르는 나쁜 일을 예측하여, 사전에 대책을 생각하기 위해서지요. 하지만 필요 이상으로 걱정이 길어지거나, 걱정거리가 번져 수습할 수 없게 되거나, 아무것도 손에 잡히지 않게 되면 그건 걱정이 폭주하는 상태라고 생각해 주세요. 그렇게 되어도 걱정을 멈출 수 없는 이유는 여러분 스스로가 '걱정은 도움이 돼!'라고 생각하고 있기 때문이에요.

　하지만 걱정한 일이 실제로 일어나는 일은 적지 않나요? 걱정하는 시간은 도움이 된다고 여기는 것 이상으로 단점이 있을 수도 있어요. 그리고 '지금 여기'의 시간을 소중히 하지 않는다는 의미에서는 단점밖에 없는 활동이지요. 걱정은 '지나치게 생각하는' 측면이거나 '똑같은 것'을 반복하는 생각의 과정이에요. 신기하게도 걱정이 쓸모 있다고 여기면서도, 걱정은 싫다는 모순되는 마음을 느껴요. 이런 걱정에 대한 나쁜 측면은 여러분의 편견인 경우가 많지요. 걱정은 스스로 컨트롤할 수 있습니다. 그리고 부정적인 생각으로 발전시키지 않는 것도 가능해요.

걱정에 대한 모순된 마음을 이해해요

 **걱정이 도움 되는 일은 없다**

착각하기 쉽지만 실은 걱정하는 건 문제 해결에 도움이 되지 않고, 멈출 수도 있어요. 사실 걱정이 많은 사람들의 이야기를 잘 들어 보면, 걱정했던 일은 일어나지 않는 경우가 대부분이지요. 그래도 그 사람들은 준비해 두길 잘했다고 생각하곤 해요. 하지만 걱정하는 데 드는 시간이 더 아깝다고 느껴지진 않나요?

체크 ✅ 걱정하는 것 Q&A ··

☐ 걱정은 골똘히 생각할 수 있으면 도움이 돼요. ✗
☐ 걱정은 내 의지로는 멈출 수 없으니 걱정하지 않는 게 중요해요. ✗

13 현실과 공상을 구별하자

생각했던 것이 현실이 돼 버리는 건 '편견'에 불과하다는 걸 이해해요.

내가 생각한 것이 현실이 된다는 마술적 사고

우리는 머릿속으로 다양한 것을 공상해요. 하지만 어떤 것도 결코 현실은 아니에요. 예를 들면, 잠들기 전에 '엄마가 병에 걸리는 장면'이 떠올랐다고 해 봐요. 그 상상을 어떤 의미가 있다고 믿으면 '이런 걸 생각하다니. 나는 불효자야' 하고 느낄 수도 있겠지요. 또는 죄책감을 떨치려고 엄마를 위해 기도할 수도 있을 거예요. 하지만 그렇게 하면 떠오른 공상은 더욱 끈질기게 쫓아옵니다.

뇌는 방대한 이미지를 처리하고 있으므로 의미 없는 것이 나오기도 하는데, 그건 단순한 에러일 뿐이에요. 그 증거로 많은 사람이 어린 시절에 부정적인 공상을 겪고 있지요. 만약 '문을 안 잠갔을지도……'라고 생각한 후 정말로 열려 있던 현관문을 확인했더라도, 그건 생각이 그렇게 만든 것이 아니라 우연히 열려 있던 거예요. 문단속 직후에 열린 문의 이미지가 생각났다고 해도, 실제로는 잠겨 있을 것입니다. 우리는 부정적인 이미지가 머리에 떠오르면 그걸 막아야 한다는 책임을 느끼고 말아요. 하지만 상상은 단순한 뇌의 변덕일 뿐이므로 내버려 둬도 된답니다.

생각과의 혼동(섞임)에는 여러 종류가 있다는 걸 알아요

1. 생각과 행동의 혼동

현관문이 열려 있다는 생각 = 내가 잠그는 걸 까먹었다고 의심한다.

2. 생각과 도덕관의 혼동

친구가 큰 병에 걸리는 생각 = 아프길 바라고 있다.

3. 생각과 물체의 혼동

더러운 책이라는 편견 = 실제로 더럽다고 느낀다.

4. 생각과 사건의 혼동

사고를 냈다는 생각 = 실제로 일으키고 말았다고 믿는다.

 **마이너스 사고는 현실이나 내면의 심리가 아니다**

바라지 않았는데 떠오르는 생각은 '침투 사고'라고 하며, 거의 모든 사람이 경험하고 있어요. 때로는 그것을 우리 내면의 심리라고 생각할지도 모르겠지만 그렇지 않아요. 불성실한 이미지가 떠오르면 17쪽 활동처럼 라벨을 붙이고, '끈질긴 생각이네' 하고 거리를 두며 상대하세요. 그럼 조만간 떠오르지 않게 될 테고, 만일 떠올라도 위협적이지 않을 거예요.

체크 ✓   생각과의 혼동 Q&A

☐ 내가 바라지 않아도, 불성실한 이미지가 떠올랐을 때는 자신을 나무라는 편이 좋아요. ✕
☐ 의도하지 않았는데 떠오른 나쁜 생각은 단순히 뇌가 처리하고 있는 심상으로, 내면의 심리는 아니에요. ○

소중히 하고 싶은 '내 가치'를 바탕으로 행동하자

내가 소중히 여기는 가치관을 행동으로 드러내는 것의 중요성을 이해해요.

지금 하는 행동이 나를 소중히 하는 행동인지 생각해 보자

우리가 어떤 행동을 할 때는 반드시 이유나 목적이 있습니다. 하지만 그럴 마음이 들지 않았을 때, 좀처럼 행동할 수 없었다면 대개 후회하게 돼요. 가령 요즘 들어 운동에 흥미를 잃은 사람은 '선수도 못 되는데…', '연습은 힘드니까 싫어'와 같은 이유에서 발이 뜸해져 있을지도 모릅니다. 공부가 중요하다는 생각은 있지만 무심코 뒷전으로 하고 게임을 하는 것도 비슷한 사고예요.

'하는 편이 좋다는 걸 알지만 행동하지 않은' 결과, 시합에 져서 분하다거나 시험을 상상 이상으로 망쳐서 부끄러워지는 결말은 뻔해요. 이럴 때는 '내가 소중히 하고 싶은 가치'에 대해서 생각해 보세요. '이유를 대고 게으름을 피우는 것은 내 가치를 소중히 여기는 행동인가?' 하는 이야기입니다. 자신의 가치를 올리고 내리는 것은 스스로가 하기 나름이지요. 그리고 가치를 높이려면 힘든 일도 있다는 전제하에 마주하는 것도 중요해요.

싫거나 거북한 일도 있을 거예요. '나는 이대로 괜찮은 걸까?' 하고 내 마음의 소리에 귀를 기울여 보세요. 물론 마음이 약해져 있을 때 무리하는 것은 금물이에요. 망설여질 때는 어른에게 상담도 해 보면서, 가치에 기초한 행동을 선택하는 편이 좋아요.

자신에게 필요한 것을 피하고 있지는 않은지 확인해요

포인트 일시적인 감정에 휩쓸리지 말고, 가치에 기초한 행동을 선택한다

우리는 불안하고 짜증 나는 일에는 가능한 한 관계되지 않으려 판단하는 경향이 있어요. 하지만 머릿속에서는 '나를 위해서는 열심히 하는 편이 좋겠지……' 하고 갈등하기도 하며, 그런 자기 자신에게 짜증을 느끼기도 합니다. 이럴 때는 적극적으로 행동할지 피할지, 어떻게 할 것인지를 가만히 마음에 물어보세요. 열심히 할 수 있는 상태인데도 도망가려 하는 모습을 알아차린다면, 나 자신을 격려하고 내가 소중히 하는 '가치'를 높일 수 있는 행동을 해 봅시다.

체크 ✓ 가치를 알아차리는 행동 Q&A

☐ 싫은 일은 싫으니까 도망치는 것도 당연하고, 괜찮아지면 행동하면 돼요.   ✗
☐ 꾹 참고 어른이 하는 말을 얌전히 듣고 행동하는 것이 옳아요.   ✗

15 나도 모르게 의식이 향하는 건 왜일까?

무심코 끌리고 있는 주의의 작용을 이해해요.

나와 관련된 정보와 감각에는 자연스레 주의가 향해요

　마음챙김이란 '지금 여기'에 집중하는 것입니다. 하지만 우리의 뇌는 집중하고 싶은 것 이외에도 자연스럽게 주의를 돌리게 돼 있어요. 예를 들면 이 책을 열중해서 읽고 있다고 해도, 근처에서 큰 소리가 나면 반사적으로 고개가 돌아가지요. 또 북적이는 가게에서 스친 누군가가 여러분의 이름을 말하면, 별로 큰 목소리가 아니어도 눈치채겠지요. 그뿐만이 아니라 멋진 차나 귀여운 옷을 입은 사람이 지나가면 눈으로 좇을 수도 있습니다.

　이렇듯 우리의 뇌는 우리와 관련된 것이나 몸에 느껴지는 위협, 관심사에 대해서 자연스레 주의가 향하는 구조예요. 이 상태는 '수동적인 주의'라고 합니다. 수동적인 주의는 내 몸을 지키기 위해서는 필수적이지만, 전환할 수 없거나 다루지 못하면 성가셔요.

　가령 부정적인 생각에 계속 주의를 향하게 되거나(염려증 상태), 게임을 그만하려 해도 그만둘 수 없거나, 사람들의 시선이 계속 신경 쓰이는 상태 등은 '수동적인 주의'에 얽매인 상태예요. 마음챙김 활동에서 중요한 것은 '수동적인 주의'를 눈치채고, 주의를 '지금 여기'로 계속해서 돌리는 것입니다.

마음이 전환되지 않을 때는 어떤 때일까요?

❶ 밤중에 바깥에서 고양이의 울음소리가 들려와 귀에서 떨어지지 않아요. (수동적 선택적 주의)

❷ 보고 싶지 않은 것일수록 곧잘 발견하고, 외면하고 싶지만 보게 돼요. (수동적인 선택적 주의)

❸ 좋아하는 게임에 푹 빠져서, 해야만 하는 다른 일이 있는데도 게임에 홀려 그만두지 못해요. (수동적인 지속적 주의)

❹ 집중하려고 해도 주변에 있는 다양한 물건과 소리, 사람이 신경 쓰여서 힐끔거려요. (수동적 전환적 주의)

❺ 보면 안 된다고 생각하고 있지만 보고 말아요. (수동적 전환적 주의)

❻ 여러 가지 소리나 자극이 동시에 입력되어 머리가 복잡해져요. (수동적 분할적 주의)

 **포인트 우선 수동적인 주의를 알아차리고 대응하자**

수동적인 주의 상태를 멈추려면 기분을 진정시키거나, 멍하니 있다는 사실을 빨리 깨닫거나, 그때 해야 할 일에 의식을 돌리는 것이 효과적이에요. 불안할 때는 위험을 느끼는 수동적인 주의가 발동하기 쉬워집니다. 멍하니 있을 때는 걱정과 다른 일에 의식을 빼앗기기 쉬워져요. 마음챙김은 이러한 수동적인 주의가 지나치게 작용하지 않도록 하고, 주의를 능동적으로 컨트롤하는 것을 목표해요.

체크 ✓ 수동적인 주의 Q&A

☐ 신경 쓰이는 일에는 좋든 싫든 수동적인 주의가 발동하기 쉬워요. ○
☐ 수동적인 주의는 필요 없으므로, 가능한 한 발동하지 않도록 해요. ✕

16 의식해서 집중 상태를 만들어 내자

내가 원하는 대로 집중할 수 있는 주의의 작용을 이해해요.

집중력 컨트롤은 연습할 수 있어요

짜증이 나거나 울적할 때는 평소에는 재미있던 것조차도 좀처럼 집중할 수 없게 돼요. 우리의 기분과 집중력은 아주 강한 관계가 있지요. 마음챙김은 기분과 집중력의 연결을 긍정적으로 바꿔 주는 방법입니다. 수동적인 주의(36쪽)는 '무심코 주의를 향하게 되는' 성질이 있었지만, 능동적인 주의는 우리의 의지로 발동해요. 마음챙김을 통해 능동적인 주의를 단련하면 보고 듣기 싫은 것이 있어도 '지금 하는 일'에 집중할 수 있습니다. 그리고 거북한 일이라고 하더라도 집중할 수 있게 돼요.

어떠한 상황에서 어떤 주의 상태가 되는지 자세히 파악함으로써, 여러분이 잘하는 능동적인 주의의 작용을 찾아 강점으로 삼아 봅시다. 슬프거나 힘들 때는 능동적인 주의가 약해질 수도 있겠지요. 하지만 흔히 겪는 일이니 걱정하지 않아도 돼요. 기분이 진정되면 능동적인 주의의 기능도 돌아옵니다. 꾸준히 능동적인 주의를 기울이는 법을 단련한다면, 싫어하는 것에도 열중할 수 있게 되고 자신감이 생길 거예요.

집중력 ON 상태를 이해해요

❶각성
어떤 일에 '집중하자!'라고 결심하면, 그 일을 점점 강하게 의식해요.

❹선택
진행 중인 일에 집중하고 다른 일은 거들떠보지도 않아요.

❷지속
한번 몰두하기 시작하면 그 일에 계속 집중할 수 있어요.

❺전환
할 일 중 하나를 끝냈거나(도중이더라도), 다른 작업을 할 필요가 생기면 그 일에 의식을 매끄럽게 전환할 수 있어요.

❸정밀도
일을 섬세하게 계속하려면 집중력이 필요해요. 글씨 쓰기나 무언가를 만들 때의 꼼꼼함에는 주의 능력이 필요해요.

❻분할
다양한 동작을 동시에 병행하는 일에 의식을 집중해요. 칠판을 보며 수업을 듣고 공책에 필기해요.

 **ON/OFF 전환을 통해 주의를 능동적으로 발동시키자**

주의를 능동적(의도적)으로 잘 컨트롤하려면 'OFF' 상태도 중요해요. 능동적인 주의를 유지하는 것은 매우 피곤하지요. 그러므로 수면, 휴식 시간, 운동 등의 규칙적인 생활 습관은 빼놓을 수 없어요. 능동적인 주의는 싫어하는 것에 집중할 때도 발휘되므로, 짧은 시간부터라도 좋으니 싫어하는 것에도 집중하여 주의를 능동적으로 발동시켜 보세요.

 능동적인 주의 Q&A

☐ 좋아하는 것에는 집중하기 쉬우니 좋아하는 것만으로 집중력을 길러요. ✗

☐ 주의를 능동적으로 발동시킬 수 있게 되면 어떤 과제든 의욕적으로 몰두할 수 있게 돼요. ◯

17 집중력을 갖추자

선택적 주의와 전환적 주의의 컨트롤에 대해 이해해요.

마음대로 집중할 수 있다면 불쾌한 기분이 들어도 상관없어요

　좋아하는 영화를 보고 있을 때, 근처에서 큰 소리가 나는 공사가 시작되면 여러분은 영화에 집중할 수 있나요? 집중할 수 있는 사람도 있겠지만 짜증이 나는 사람도 있을 거예요. 그러면 싫어하는 과목을 공부할 때는 어떨까요? 공사로 인한 소음은 계속 집중을 방해할 것이 분명해요.

　어떤 일에 좋고 싫음과는 관계없이 집중하겠다고 정했다면, 계속 주의를 기울일 수 있는 것이 마음챙김이에요. 우선 중요한 주의의 컨트롤 방법은 '선택적 주의'와 '전환적 주의'입니다. 선택적 주의에서는 수많은 일 중 하나에 주의를 집중해요. 그리고 전환적 주의는 주의를 기울일 대상을 이동하는 것입니다.

　능동적인 주의 컨트롤 발동을 살려 '지금 여기'에서 집중해야만 하는 일에 집중할 수 있다면, 예전의 나쁜 이미지가 떠오르거나 주변 소음이 신경 쓰이더라도 마인드풀한 상태로 있을 수 있어요. 마음챙김은 호흡 명상의 이미지가 강하지만, 일상생활 속에서 집중에 유의하는 것도 마음챙김 활동에 포함되어 있답니다.

선택적·전환적인 주의를 향하는 법을 익혀요

기분이 붕 떠 있거나 흥분 상태일 때는 집중력이 잘 조절되지 않는 경우가 많아요. 우선은 긴장을 푸세요.

■ 선택적 주의
짜증 나는 소음을 의식하지 말고, 내가 집중할 것에 몰두할 수 있도록 유의해요. 이때 소음을 없애려고 하지는 않는 것이 중요해요.

■ 전환적 주의
신나게 운동했던 몸의 감각은 초기화해요(스트레칭). 그리고 수업 내용, 선생님의 목소리, 발표나 필기할 것 등에 열심히 집중해 봐요.

* 선택적 주의와 전환적 주의를 지속하면 굉장히 힘들어요. 체력처럼, 익숙해지면 나는 어떤 일에 얼마만큼 주의를 지속할 수 있는지 알아두면 좋을 거예요.

 **주의를 향할 대상은 명확하게, 딴생각을 지우려고 하지 않는다**

주의를 능동적으로 컨트롤하기 위해서 가장 중요한 것은 무엇일까요? 우선 집중하고 싶은 것을 명확히 의식하는 거예요. 그리고 생각이 딴 데로 새면 바로 알아차리는 것도 중요하지요. 주의를 기울이는 것을 더 많이 의식하려고 하는 것만으로도 좋아요. 마음챙김에서 주의의 컨트롤은 대상이 무엇이든 의도적으로 집중할 수 있는 상태를 중요시해요. 또 집중하고 있을 때 딴생각이 떠올라도 그 사실을 알아차리고, 그것들을 지우려고 하지 않는 마음가짐이 중요합니다.

체크 주의의 선택과 전환 Q&A

☐ 별로 좋아하지 않는 과목도 공부하려고 마음먹으면 집중할 수 있는 것이 주의의 컨트롤에서는 중요해요. ○
☐ 의식하고 싶지 않은 건 철저하게 잊어버리려 하는 노력으로 집중력을 높일 수 있어요. ✕

18 온 집중으로 세상과 연결된 것을 느낀다

분할적 주의의 컨트롤에 대해 이해해요.

나를 포함한 모든 일에 동시에 주의를 기울여 보자

우리는 보통 한 가지 일에 집중하는 경우가 대부분이에요. 이것이 선택적 주의지요. 선택적 주의(40쪽)는 집중할 대상 외의 다른 것은 배제한 상태에서, '나'와 집중할 대상만의 좁은 세계에서 경험할 수 있는 의식 상태예요.

하지만 주변에서 나는 소리나 문득 떠오른 생각 등은 우리의 감각을 자극해요. 그리고 머릿속에서도 다양한 감각이 꿈틀거리지요. 집중하고 싶은 일에 집중할 수 있게 되면, 감각을 자극하는 모든 일을 있는 그대로 받아들여 보세요. 그다음 부드럽게 주의를 기울여 봅시다. 이때는 머릿속에서 의미를 찾지 말고, 그저 느끼고 있는 일에 의식을 기울이세요.

이렇게 모든 일에 '판단하지 않는' 태도로 동시에 집중하는 상태를 '온 집중'이라고 부를 수 있습니다. 온 집중 상태를 유지하는 것은 하나에 집중하는 일 이상으로 어려울지도 몰라요. 온 집중을 의식하면 평소에는 눈치채지 못하고 놓쳐 왔던 다양한 것들을 깨달을 수 있습니다. 공기의 흐름, 내 몸의 감각, 주변의 소리와 냄새, 모든 것에 판단하지 않는 주의를 기울이는 데 성공한다면, 열린 세상 속과 나 자신의 '연결'을 느낄 수 있을 거예요.

마인드풀한 주의 기능의 최종 형태를 알아요

여기에 적힌 감각을 '동시에 전부'에게 집중하면 온 집중이에요.

호흡 명상의 활동 중에는 호흡에 집중하며 온 집중도 발동하는 '관명상(지켜보기 명상)'이라는 것이 있어요.

 **포인트** **아무것도 판단하지 말고 다양하게 의식을 기울인다**

수많은 일 모두에 집중하려 한다면, 우선 넓고 얕게 집중하면 좋아요. 주의를 기울이고 있는 대상에 대해 이러쿵저러쿵 생각하면 순간적으로 주의가 좁아져 버립니다. 그때 들려오는 소리나 감각과 마찬가지로, 떠오른 딴생각도 판단하지만 않으면 부드럽게 주의를 기울일 수 있어요. 온 집중은 아무런 판단도 하지 않지만 멍하니 있는 것과는 다릅니다. 짧은 시간이어도 의식해서 도전해 보세요. 활동을 계속하다 보면 "아, 이게 온 집중 상태다!" 하고 체험을 통해 이해할 수 있을 거예요.

체크 ☑ 온 집중 Q&A

☐ 온 집중은 딴생각까지 포함해서 판단하지 않고 고루 주의를 기울일 수 있는 상태예요. ○
☐ 한 가지에 집중하고 있는 상태도 온 집중이라고 할 수 있어요. ×

19 완벽주의를 내려놓자

완벽주의는 나를 괴롭히는 면도 있다는 것을 이해해요.

높은 목표를 가졌다면 실수에 얽매이지 말고 도전하자!

좀 더 편히 행동하고 싶다면서도 완벽주의 사고방식 탓에 괴로울 때가 있어요. 완벽주의에는 ❶완벽하기 위해 실수하면 안 된다고 여기는 '실수에 대한 얽매임', ❷전부 완벽하게 하고 싶다는 '완벽성 추구', ❸항상 높은 목표를 가지고 도전하는 '높은 목표 설정' 등의 유형이 존재합니다.

심리학 연구에서는 ❶'실수에 대한 얽매임'이 유독 마음을 지치게 해서 일이 잘 풀리지 않는 원인이 된다고 합니다. 우리는 성공보다도 실패를 많이 체험해요. 그러니 실수에 사로잡히고 싶은 마음이 앞서서 좀처럼 나아가지 못하지요. 또 완벽주의가 심해서 다른 사람에게도 똑같은 완벽함을 요구하게 되면 인간관계가 흔들릴 수도 있습니다.

조금이라도 완벽주의로 고민한 적이 있다면 과감하게 놓아 보는 건 어떨까요? 완벽주의를 내려놓는다고 해서 해이한 사람이 되는 건 아니에요. 오히려 지금까지 해 왔던 꾸준한 노력을 살리기 위해서 완벽주의를 내려놓는 것입니다. 즉, 부족함보다 완성된 부분에 의식을 집중함으로써 스스로가 할 수 있는 일을 깨닫고 자신감을 가지게 돼요. 또 완벽할 것을 전제로 과거나 미래를 생각하며 일하기보다는, '지금 여기'에만 집중하는 것을 통해 퍼포먼스 능력이 좋아집니다.

실수를 줄이기보다 성공을 늘리는 것을 의식해요

포인트 완벽주의의 미덕에서 불완전함 허용으로 전환하자

완벽주의를 내려놓으려면, 실수가 있었을지도 모를 예전 일을 생각하느라 나아가지 못하는 브레이크 상황일 때, 가능한 일을 하고자 액셀을 밟는 것이 포인트예요. 완벽주의에 너무 집착하면 실수를 너무 신경 쓴 나머지 새로운 것에 도전하지 못하거나, 내 장점을 충분히 발휘하지 못하게 됩니다. 완벽주의가 친구에게까지 옮겨 가면 오히려 폐가 될 수도 있고요. 완벽하지 않은 존재를 서로 인정해 주는 사회 쪽이 다양성이 있으며 더 좋은 인간관계를 만들 수 있어요.

체크 완벽주의 Q&A

☐ 완벽주의를 포기하면 퍼포먼스 능력이 떨어져요. ✕
☐ 나 자신과 다른 사람에게 완벽성을 요구하거나 누군가를 위해 완벽해질 필요는 없어요. ◯

20 흰곰에 대해서 생각해 버리는 사고의 습관

사고 억제의 기능을 이해해요.

생각하지 않으려고 하면 나도 모르게 생각하게 되는 수수께끼

공원에서 친구와 얘기하던 중에 산책하는 강아지가 나타났어요. 그때 '그 강아지가 두 발로 서서 걷는 장면'이 갑자기 떠올랐다고 해 봐요. '재밌는 게 생각났네!'라고 느낄 수도 있을 거예요. 그다음, 별 의미 없이 갑자기 '(옆에 있는 친구가)사고를 당하는 장면'이 떠올랐다고 해 봅시다. 그 이미지를 어떻게 받아들일까요? '이런 생각을 하다니 난 정말 최악이야!', '두 번 다시 생각나지 않게 다른 걸 떠올리자'라고 생각해 버리면, 그 이미지는 오히려 더 끈질기게 따라올지도 몰라요. 그러면 결국 친구와의 즐거운 대화에는 집중할 수 없겠지요.

이 심리 구조는 '흰곰 효과'라고 해요. "지금부터 30초간은 절대로 흰곰을 생각하지 않게 노력하세요."라는 말을 들으면 흰곰을 떠올리지 않을 수 있을까요? 대부분 노력하면 할수록 흰곰이 끈질기게 떠오를 거예요. 다른 동물을 생각해서 떠오르지 않도록 한 사람도 있겠지만, 30초가 지나고 나면 바로 흰곰이 떠오르지 않나요? 즉 '어떤 것을 떠올리지 말아야 한다'라고 생각하면, 결과적으로는 떠올리게 되고 마는 거예요! 생각나 버린 이미지에는 어떻게 대응하면 좋을지 지금부터 함께 이해해 보도록 해요.

흰곰 효과가 생기기 쉬운 생각과 행동의 패턴

생각과 도덕의 혼동

위험을 회피한다

책임의 평가

포인트 흰곰 효과를 이해하고 마이너스 사고는 적당히 상대하자

우리를 위협하거나 불쾌하게 만드는 생각과 이미지일수록 어떻게든 해야 한다고 여기곤 합니다. 하지만 이런 이미지는 즐거운 상상과 다를 바 없어요. 그저 단순한 공상일 뿐이니 가벼운 기분으로 마주하도록 해요.

체크 흰곰 효과 Q&A

☐ 나쁜 생각과 이미지는 강한 의지를 가지면 지울 수 있어요. ✗
☐ 나쁜 생각과 이미지는 떠올리지 않으려 하기보다는, 가벼운 마음으로 내버려 두는 편이 좋아요. ○

21 번뜩 오는 깨달음

내 생각과 감정을 알아차리고 반응하는 것을 이해해요.

내 생각과 감정을 재빨리 알아차리고 위험한 반응을 피하자

우리는 우리 자신을 잘 알고 있다고 생각하지만, 모르는 면도 많아요. 그 증거로 시간이 지나서야 진짜 내 마음을 깨닫는 일이 있지요. 자기 생각과 감정을 관찰하며 컨트롤하는 기능을 '메타 인지'라고 부릅니다. "아! 나는 지금 엄청나게 짜증이 난 상태구나!" 하고 깨닫는 건 '메타 인지적 알아차림'이라고 하지요. 이것은 마음챙김의 요점이에요.

메타 인지적 알아차림은 지나친 생각·감정·감각 상태를 조절하는 역할을 해요. 이것이 잘 작동하지 않으면 필요 이상으로 화내거나 낙담하고, 지나치게 힘을 내거나 망상적으로 생각하고 말아요. 하지만 흥분했을 때, 싫어하는 것을 생각할 때, 상태가 좋지 않을 때 등은 좀처럼 객관적인 알아차림 상황이나 관찰하는 상태가 될 수 없겠지요.

혹시 생각과 감정을 잘 다루지 못한다고 생각하고 있나요? 그렇다면 우선은 여러분의 상태에 의식을 기울여 알아차리는 활동부터 시작해 보세요. 다양한 마음챙김 훈련 중 호흡 명상, 보디 스캔 등의 활동이 '알아차림'이란 무엇인지 알려줍니다.

'알아차림'은 마음챙김의 시작

■ 마음의 소리에 귀를 기울인다 ~ 알아차린다
'아까부터 일어날지도 모르는 실패(시합에서 실수)에 대해 생각하고 있네…….'
→그래, 옆 사람에게도 어두운 분위기를 옮길지 몰라. 좀 더 냉정해지자.

〈대응❶ 몸의 움직임〉
→오늘은 부 활동을 쉬는 편이 나를 위하는 길일지도 몰라. 최근에 연습을 너무 하긴 했지.

〈대응❷ 생각의 전환〉
→이런 걸 생각해 봤자 시합에서 실력을 발휘할 수 있는 건 아니지. 과거나 미래는 일단 신경 쓰지 말자.

포인트 **나를 관찰하는 시점을 통해 메타 인지적 알아차림을 강화하자**

자기 생각·감정·감각을 눈치채는 것은 마음챙김의 중요 요소 중 하나예요. 더 능숙하게 알아차리려면 스스로 생각·감정·감각을 관찰하는 듯한 시점을 항상 지녀야 합니다. 생각을 알아차렸다면 다음은 '거리를 벌릴 것'을 명심하세요. 나도 모르게 생각·감정·감각에 휘말리지 않도록 거리를 두고 지금 해야 할 일에 의도적으로 의식을 집중해 보세요.

 메타 인지적 알아차림 Q&A

☐ 자기 생각·감정·감각을 알아차리는 것은 반응하기보다는 대응하는 것의 발판이 돼요. ○
☐ 자기 생각·감정·감각을 알아챘다면 거리를 벌리고 그대로 둬요. ○

22 아슬아슬 세이프를 경험하자

충동적으로 반응하지 않는 것의 중요성을 이해해요.

충동을 스스로 컨트롤하는 체험을 하자

'아슬아슬 세이프'는 '번뜩 오는 깨달음'(48쪽)의 응용 버전이에요. 스스로 짜증이 났다는 것을 알았다고 해도 도저히 참을 수 없을 때가 있습니다. 그러다 결국 주변 사람에게 화풀이해 버렸던 경험이 있는 사람이라면 '왜 참지 못했을까?' 하고 후회하기도 했을 거예요.

그건 여러분이 생각·감정·감각을 알아차린 후, 그들에게 휘말려 버리고 있기 때문이에요. 휘말리지 않으려면 '있는 그대로', '놓아둔다', '관찰한다'와 같은 세 가지 자세를 몸에 익히는 것이 중요합니다. 그러려면 내 감정 등을 알아차렸을 때 한번 숨을 들이쉬고 몸을 편하게 해 보세요.

자기 생각·감정·감각과 거리를 두면서 충동적으로 행동하지 않는, 일명 "휴, 간발의 차로 세이프야!" 경험을 많이 하는 것도 좋습니다. 지금까지 겪은 '아슬아슬 세이프' 경험을 적극적으로 떠올려 보는 것도 좋아요. 인터넷에 글을 쓸 때, 문자를 보낼 때, 흥분해서 친구와 얘기하고 있는 상황에서 '내가 지금 하려는 행동을 실제로 한다면 어떻게 될까?' 하고 한번 생각해 봄으로써 '아슬아슬 세이프' 상태를 만들어 낼 수도 있습니다.

당황하지 말고 '대응 모드'를 의식해요

 **충동적인 반응이 아닌 결과로 이어지는 대응을!**

화가 나서 행동하면 일순간 속이 시원해질 수 있습니다. 하지만 그 후에는 괜히 초조해지거나 후회하곤 해요. 내 감정에 솔직하고 싶을 때는 자유롭게 행동하면 좋겠지요. 다만 그 감정이 향하는 대로 행동한 다음에는 여러분이 바라는 결과를 얻을 수 없을지도 몰라요. 격한 감정이 일면 감정에 초점을 맞추지 말고, 행동한 끝에 벌어질 일을 생각해서 '가치를 토대로 한 행동'을 하는 것이 중요합니다.

체크 ✓   '반응하지 않기' Q&A

☐ 내가 옳다고 생각하는 것에 대해서는 어떤 감정이든지 바로 반응하거나 행동하면 좋아요.   ✗
☐ 내 감정에 솔직하게 행동하면 내가 수긍하는 결과를 얻을 수 있어요.   ✗

23 자동 조종 모드가 도착하는 곳은?

자동 조종 모드의 영향을 이해해요.

내 몸과 마음을 자동 조종 모드로 운행해도 될까?

우리는 항상 할 일을 뇌가 저절로 골라 행동하고 있어요. 예를 들면, 아침에 눈을 뜨면 아무렇지 않게 옷을 갈아입고 식사한 후 학교로 향해요. 등굣길에서도 특별히 무언가를 신경 쓰지 않고 이동하지요. 그리고 학교에 도착하면 가방을 정리하고, 선생님이 오실 때까지 기다릴 거예요.

이와 같은 자동적인 행동은 생활하는 데 정말 편리해요. 하지만 반면 '지금 여기'에 주의를 기울이는 것을 잊어버리고 많은 감동과 행복을 놓치게 되기도 하지요. 이러한 상태를 마음챙김에서는 조종사가 비행기를 자동 조종 장치로 운항하는 것에 비유해 '자동 조종 모드'라고 해요.

자동 조종 모드로 일상을 보내고 있는 것 같나요? 그렇다면 지금 하는 행동에 조금씩 주의를 기울여 봐요. 예를 들면 옷을 갈아입을 때는 옷가지의 감촉을 느껴 보세요. 아침밥은 음미하며 꼭꼭 씹어 먹어요. 등굣길의 풍경이나 냄새가 변하지는 않았는지 느껴 보세요. 분명 새로운 발견이 있을 거예요.

바쁠 때는 유독 자동 조종 모드로 변하기 쉽습니다. 주의를 다양하게 기울이려면 여유가 필요해요. 휴일 중에는 평소 무심했던 사물을 자세히 관찰하고, 평온한 시간을 보내 보세요.

자동 조종 모드를 '매뉴얼 모드'로 변경해요

 **자동 조종 모드에서 벗어나는 요령**

자동 조종 모드에서 벗어나려면 새로운 대응은 아니더라도 평소와 조금 다른 일을 해 보거나, 평소에 하던 일을 천천히 신중하게 해 보는 것이 요령입니다. 그러려면 충분한 시간 속에서 안정된 상태를 만들도록 해요. 일을 창의적으로 생각하거나 새로운 것에 도전할 때는 자동 조종 모드에서 빠져나와, 새로운 시점으로 나와 대상의 연관을 발견하는 것이 중요해요.

체크 ✓ 자동 조종 모드 Q&A

☐ 자동 조종 모드는 전혀 도움이 되지 않는 상태예요. ✕
☐ 자동 조종 모드가 아닌 상태로 생활하면 평소엔 눈치채지 못했던 것을 깨달을 수 있어요. ○

24 자기 룰에 묶여 있지 않아?

나를 괴롭히는 건 나 자신이라는 것을 이해해요.

'나는 ○○이니까 △△할 수 없다'와 같은 룰은 맞는지 다시 보자

만일 여러분 스스로가 재능이 없다고 생각한다면, 목표 달성에 정말로 재능이 필요한지를 다시 한번 생각해 봐요. 운동선수 특집을 보면 '천재적인 센스'라고 쓰여 있거나, 영화감독의 인물평에 '보기 드문 발상력'이라고 적혀 있곤 하지만 정말로 그럴까요? 재능이 있어도 이름을 날리지 못하는 사람도 많고, 유명인이 "제게는 재능이 전혀 없었습니다."라고 회고하는 기사도 종종 볼 수 있습니다.

목표를 달성하는 사람들에게는 공통점이 있어요. 그건 '나는 발이 느리니까 농구를 잘할 수 없어' 하며 능력 위주로 부정적인 생각을 하지 않고, '나는 발은 느리지만, 농구를 잘하고 싶어'라며 계속하는 노력을 믿는다는 점입니다. 그리고 여러 번 실패하더라도 자기 자신을 믿고 위로하고 쭉 도전하는 사람이 자신감을 가지고 살고 있어요. 마음챙김은 나 자신을 스스로 속박하지 않고, 자신감을 가지고 자유롭게 사는 법을 알려 줍니다.

판단은 그만두고 도전해 봐요

나는 ○○야. 그래서 △△할 수 없어.　　　나는 ○○야. 하지만 △△하고 싶어!

- 그 당시의 기분을 중시해요.
- 성공보다 실패를 신경 써요.
- 능력을 기준으로 생각해요.

- 기분보다 행동을 중요시해요.
- 실패보다 성공을 중요시해요.
- 능력이 아닌 과정을 소중히 여겨요.

 **자기 룰에서 빠져나오는 요령**

지금부터 스스로 만들어 낸 갑갑한 '자기 룰' 감옥에서 나올 준비를 합시다. 어색하더라도 조금씩 나아가 보세요! 실패해도 괜찮아요. 나아가는 길에는 성공도 있으니까요. 여러분에게 필요한 건 재능이 아니라 노력이에요. 어떤 때든 '지금 여기'에 의식을 기울이고, 기분에 치우친 판단은 하지 말고 도전해 나가요.

체크 ✓　자기 룰에서 빠져나오기 Q&A

☐ 재능이 없는 건 노력해도 소용없으니 할 수 있는 만큼만 성장하면 돼요.　　✗
☐ 실패를 예상하고 도전하지 않는다면, 성공했을지도 모르는 기회를 놓치고 있는 거예요.　　○

25 장점은 남과 비교하지 않아도 알 수 있다

타인과 비교해 내 장단점을 아는 것이 무의미함을 이해해요.

실패했을 때 여러분 자신을 어떻게 격려하나요?

시험 전에는 "전혀 공부 안 했어! 이번엔 안 되겠네.", "넌 머리가 좋으니까 괜찮을걸." 하는 대화가 들리곤 합니다. 이러한 발언에는 만일 점수가 낮더라도 충격을 받지 않도록 하려는 마음, 머리가 나빠 보이지 않고 싶은 (머리가 좋다고 생각되고 싶은) 기분이 얼핏 드러나지요.

만약 여러분이 부모님이라면 '공부한 것에 자신을 가지고 임하는 편이 좋다'거나 '점수가 좋지 않아도, 노력했으니까 의미가 있다'라는 상냥한 말을 전해 주지 않을까요?

이렇게 예방선을 만들고 스스로를 낮춰 보이려는 태도는 '셀프 핸디캐핑(Self-Handicapping)'이라고 부릅니다. 이건 결코 우리를 성장시키는 사고방식이 아니에요. 그리고 남과 비교하여 자기 능력이 위인지 아래인지를 확인하고, 더 점수가 낮은 사람을 찾아 자신감을 얻거나 안심하는 것을 '가상적 유능감'이라고 합니다. 가상적 유능감은 나를 힘들게 하는 자존심 중 하나예요.

타인과 비교하는 자존심은 진짜 자존심이 아닙니다. 우리는 남에게 평가받고 싶다는 욕구를 적잖이 지니고 있지요. 하지만 그와는 별개로 제 노력을 스스로 인정할 수 있어야 합니다. 자기 자신을 인정할 수 있는 사람은 다른 사람의 성공도 솔직하게 기뻐할 수 있어요.

# 나를 위로하고 격려하는 건 나 자신

자기 단점을 다른 사람과 비교하여 단점이라고 자각해요.

자기 장점은 스스로가 잘 이해하고 있어요.

 **가상적 유능감을 자기 기준으로 바꾸자**

자신감이 없는 사람일수록 다른 사람과 비교해서 스스로를 안심시키거나 낙담하곤 해요. 여러분의 성장은 본인이 직접 칭찬하는 것이 중요하답니다. 평소보다 보람이 느껴졌다면 '공부했더니 점수가 올랐어!', '다들 굉장하네, 나도 열심히 해야지!' 하고 자기 기준으로 스스로를 칭찬하거나 격려하면 돼요. 다른 사람과 비교하지 않고 자기 자신을 칭찬할 수 있다면, 순수한 자신감을 가지고 성장할 수 있을 거예요.

체크 ✓ 가상적 유능감 Q&A

☐ 자존심에는 좋은 자존심과 나쁜 자존심이 있어요. ○
☐ 진짜 자존심은 다른 사람과 비교하지 않아도 느낄 수 있어요. ○

26 실패했을 때에 생각하는 버릇을 바꿔 보자

할 마음을 없애는 사고방식의 버릇을 이해해요.

실패했을 때 떠올린 건 '능력이 없어서'? 아니면 '노력이 부족해서'?

우리는 성공보다는 실패하는 일이 더 많아요. 그러니 실패했을 때 어떻게 생각하는지가 중요하지요. 만약 실패했을 때 '내가 바보라서', '재능이 없어서', '운이 없어서', '환경이 나빠서' 하고 생각한다면, 이제부터 그 생각을 바꿔 보지 않을래요?

분명 능력에는 사람마다 차이가 있어요. 운과 재능, 환경도 다양합니다. 하지만 위인들 사이에는 학교에 갈 수 없었거나 재능이 없었던 사람도 많이 있어요. 축복받은 환경은 아니었던 사람도 있지요. 다만 그들을 비교해도 우리가 원하는 성공을 얻을 수 있는 건 아니에요.

실패를 거듭해도 끝내 성공하는 사람들의 공통점은 실패의 원인을 자기 능력 때문이라고 생각하지 않는다는 거예요. 그들은 실패했을 때, 실패했다는 결과보다도 개선할 수 있는 과정에 초점을 맞춥니다. '나 자신을 받아들이고, 앞으로 어떻게 행동하는가'가 우리의 '가치에 기반을 둔 행동'으로 이어져요. 예를 들면 보통 계산이 빠른 사람은 수학 문제도 빨리 풀 수가 있겠지만, 그런 재능이 없어도 시간을 들이면 반드시 문제는 풀 수 있습니다. 문제를 꼭 풀고 싶다면 빨리 푸는 것(재능)보다도 끈기 있게 고민해 푸는 것(과정)이 중요해집니다.

실패의 슬픔을 발판 삼아 성장적 사고로 바꿔요

고정적인 사고 태도

- 능력은 타고나는 거라 바꿀 수가 없어.
- 실패가 두려워서 도전을 피해요.
- 좌절하면 바로 포기해요.
- 노력은 소용없다고 생각해요.
- 받아들이지 못해요.
- 위협적으로 느껴요.

성장적인 사고 태도

- 능력은 노력으로 바꿀 수 있어.
- 새로운 일이나 곤란한 일에도 도전해요.
- 좌절해도 꺾이지 않아요.
- 노력은 숙련을 향한 길이라고 생각해요.
- 비판을 통해 배워요.
- 교훈과 자극을 얻어요.

 **실패했을 때의 사고 태도를 성장적으로 바꾸어 가자**

성장적인 사고 태도를 기르려면, 여러분이나 친구가 성공했을 때 하는 생각의 버릇에도 주목할 필요가 있어요. 가령 어릴 때부터 '머리가 좋다'라고 칭찬받은 사람이 있습니다. 이 사람은 실패가 계속되면 '머리가 나쁘다'라며 능력에 원인이 있다고 생각해 버리고 말아요. 마찬가지로 다른 사람도 똑같이 보는 버릇이 생기지요. 노력해 온 것을 충분히 되돌아보고, 친구가 성공했을 때는 어떻게 해냈는지 그 친구에게서 배우고자 하는 자세가 중요해요.

체크 성장적인 사고 태도 Q&A

☐ 실패했을 때는 부정적인 기분을 긍정적인 기분으로 전환해야만 해요. ✗
☐ 내 실패와 성공은 다른 사람과 비교해서 평가하는 게 아니에요. ○

27 내 감정을 이해하고 정성껏 나타내 보자

자신의 감정을 인정하고 표현하는 것을 이해해요.

내 감정을 관찰하고 말로 표현해 보자

    우리는 굉장히 충격적인 사건을 겪으면 '분노', '슬픔', '질투', '체념'이 뒤섞인 듯한 찜찜한 기분이 됩니다. 그럴 때는 감정을 정확히 파악하기 어려운 느낌이 들지요. 단 복잡한 감정이어도 어떤 감정인지 이해함으로써, 필요 이상으로 휘말리지 않고 거리를 둘 수가 있습니다. '나는 지금 화가 나 있구나……' 하고 이해할 수 있다면 지나치게 분노하는 일은 없어집니다.

    반대로 이런 감정을 이해하지 않은 채 내버려 두거나 억누르면 마음의 비명을 눈치챌 수가 없게 됩니다. 그런 상태가 계속되면 마음이 지쳐 있어도 무리해서 과하게 힘을 내거나, 상처가 될 만큼 괴로운 상황에 스스로 뛰어들어 버리기도 해요.

    내 고통을 제일 잘 이해할 수 있는 사람은 바로 나 자신입니다. 느껴지는 괴로운 감정도 나의 일부로, 중요한 신호를 보내고 있지요. 마음챙김은 괴롭다고 생각하지 않는 강인한 정신을 지향하지는 않아요. 괴로운 것은 괴롭다고 확실히 느끼면서, 그 마음을 스스로 치료해 가는 것입니다. 그러기 위해서는 어떤 감정이든 받아들여 보려 하는 태도가 중요해요.

내 마음의 움직임과 감정을 확인해요

'분노', '슬픔', '허무함' 등의 여러 감정을 연필로 적어요. 감정을 얼마만큼 느끼고 있는지 퍼센트로 나타내 봅시다.

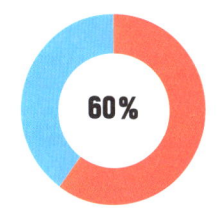 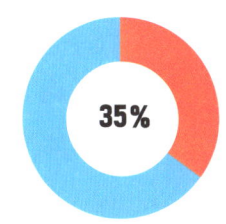 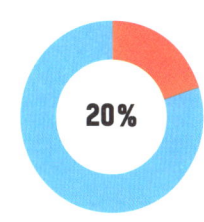

 **감정의 종류와 비율을 적어서 이해한다**

부정적인 감정에 눈길을 주는 건 정말 용기가 필요한 일이에요. 하지만 그 감정이 어떤지 알아 두는 것은 나 자신을 이해하고 위로하는 데 중요해요. '분노', '슬픔', '허무함' 등의 다양한 감정과 얼마나 느껴지는지를 적을 때는 감정을 관찰하는 것이 포인트입니다. 그리고 여러분이 느낀 감정은 다른 사람에게 말을 거는 것처럼 써 두세요.

체크 ☑ 감정 이해 Q&A

- ☐ 내 감정이 올바르게 이해되지 않을 때는 생각을 멈추는 편이 좋아요. ✕
- ☐ 분노, 질투 등의 감정을 품는 것은 나쁜 일이므로 긍정적으로 생각해야 좋아요. ✕

28 나 자신을 상냥하게 격려해 보자

나를 소중히 여기는 것(자기 자비)에 대해 이해해요.

자신감을 잃는 사건이 생기면, 자책하지 말고 위로하자

　우리는 많은 실수와 실패를 겪습니다. 사람은 실수에서 여러 가지를 배우므로, 실수는 나쁜 것이 아니에요. 다른 사람에게 비난받거나 힘든 경험을 하고 있다면 스스로에게 상냥한 눈빛을 보내 보세요. '실수하다니 최악이야!', '분명 비난받는 나한테 원인이 있겠지' 같은 생각은 하지 않았으면 해요.

　아무리 해도 자기 자신에게 엄격해지는 사람도 있겠지요. 그렇지만 마음챙김을 배우며 스스로를 상냥하게 대하는 접근 방법을 익힙시다. 힘들 때는 그 상황이 계속되는 것처럼 느껴질지도 모르지만, 괴로운 기분은 점차 가벼워져 가요.

　마음챙김은 더욱 잘 살아가고자 하는 마음을 토대로 합니다. 힘들 때는 '나 같은 거……'라고 생각하기 마련이지요. 하지만 힘들 때일수록 '현재의 나를 소중히 하자'라고 적극적으로 생각하면 길이 열립니다. 스스로에게 다정해지는 것은 약한 사람이 하는 일이고 '어리광' 또는 '의지가 약하다'라고 지적하는 사람도 있지만 그건 잘못된 거예요. 자신에게 상냥해지기 위해서는 강한 마음과 용기가 필요하답니다.

자기 자비는 다음으로 내딛는 원동력

자기 자비를 방해하는 것

자기 자비를 촉진하는 것

- 지나친 노력과 완벽주의
- 부끄러움을 느끼기 쉽다
- 고뇌에 대한 예민함과 내성
- 나는 한심하고 부끄러운 존재라고 생각한다
- 자기비판

- 배려
- 공감성
- 관용
- 웰빙(행복)을 의식한다
- 필요한 고통이라면 받아들일 수 있다
- 공부할 때는 한다
- 무엇이든지 내 탓이라고 생각하지 않는다

 **자기 자비는 자신감으로 이어진다**

자기 자비가 와닿지 않는다면 자신에게 너무 엄격하지는 않은지 생각해 보세요. 특히 완벽주의는 스스로를 몰아붙일 수도 있으니 조심해요. 혹시 자기 외모나 내면에 자신이 없어 '부끄러운 존재'라고 생각하고 있지는 않나요? 어떤 모습이든 여러분은 자신감을 가져도 좋아요! 자기 자비는 부정적인 것을 긍정으로 바꾸는 건 아니에요. 나를 스스로 상처 주지 않고 계속해서 상냥하게 대하는 일이랍니다.

체크 ✔ 자기 자비 Q&A

☐ 자기 자비는 나를 무르게 대하는 거예요. ✗
☐ 어떤 나라도 상냥한 눈빛으로 위로할 수 있어요. ○

29 나와 타인을 용서할 수 있는 사람이 진정한 강자

나와 다른 사람을 용서하는 것의 영향을 이해해요.

자신을 위로하고 타인을 용서하면 모두의 마음이 가벼워진다

   누군가에게 배신이나 공격을 당할 때는 그 사람이 원망스럽고, 용서할 수 없다고 느낍니다. 우리는 많은 실수와 실패를 반복하며 살아가지만, 그래도 이렇게 발전할 수 있는 것은 우리 안에 '용서'가 있었기 때문이에요.

   만일 우리가 용서하지 못한다면 어떨까요? 늘 반격적인 기분으로 생활하며 미움과 후회에 휩싸인 마음으로 나아가겠지요. 그리고 새로운 악순환이 탄생할 거예요. '지금 바로 용서하라니, 난 못 해!'라는 생각은 당연해요. 구태여 용서해 보려 하는 마음을 적극적으로 가져 보세요.

   특히 자신에게 엄격한 사람은 후회스러운 경험에 대해 스스로 '이제 됐어' 하고 용서하는 마음을 가져 봅시다. 다른 사람 일은 너그럽게 넘어갈 수 있는데 자신에게는 엄격한 태도를 지닌 사람은 간단히 용서하는 것을 '응석'이라고 오해하기도 해요. 사람은 그리 강하지 않아요. 땡땡이치고 싶다, 화내고 싶다, 놀고 싶다 등 다양한 감정이 있지요. 노력하지 않고 곧잘 실패하기도 합니다. 하지만 그런 사실이 꺼림칙해 자기 혐오에 빠지는 건 여러분 자신이에요. 어떤 실패든 용서해 봅시다. 그리고 다음부터는 열심히 하겠다는 희망을 품는 마음이 소중해요.

우선은 나와 타인을 용서하는 것에서부터

목표를 달성하지 못했다고 해도, 우선은 힘낸 나 자신을 칭찬해 주세요! 열심히 하는 나를 자랑스럽게 생각하는 자세가 중요해요.

실패한 동료가 있다면 상처받은 마음에 가까이 다가가 주세요. 그리고 실패가 아니라 함께 경기할 수 있었다는 것을 공유하고, 함께 아쉬움을 느끼도록 해요.

포인트 실패는 당연하다고 생각하고, 자신과 타인을 용서하자

실패하지 않는 인생 방식이 아니라 실패해도 도전하는 삶을 목표합시다. 그러려면 나 자신이나 다른 사람의 실패는 성공하기 위해서는 필요한 과정이라는 것을 이해해요. 그리고 실패를 적극적으로 용서하고 위로하는 경험이 중요합니다. 약하기 때문에 실패한다고 생각하지 말고, 여러분의 강함은 자신과 타인을 용서할 수 있는 마음이라는 것을 확실히 가슴속에 담아 두세요.

 **자신과 타인을 향한 용서 Q&A**

☐ 이러니저러니 해도 용서하는 것은 응석을 피우는 것으로 이어져요.   ✗
☐ 실패를 용서하지 않고 계속 질책하는 것보다, 다음 기회를 살리기 위한 희망을 품는 것이 중요해요.   ○

모든 사람과 마인드풀하게 교류하자

마인드풀한 기분으로 사람들과 어울리는 것의 굉장함을 이해해요.

마음챙김을 나뿐만이 아닌 타인과의 관계 속에서 살리자

　가족과 친구, 선생님, 가게의 종업원, 이웃 사람, 인터넷에서 만나는 사람 등, 우리는 수많은 사람과 관계를 쌓으면서 살고 있어요. 사이가 좋은 상대도 있고 그렇지 않은 상대도 있겠지요. 그들과 마인드풀한 기분으로 교류하면, 어떤 사람과 어떤 관계성이든 쌓아 올릴 수 있어요. 즉 싸웠다고 해도 다시 화해할 수 있고, 별로 친하지 않아도 문제없이 어울릴 수 있게 됩니다.

　'지금 여기'에 있는 상대와 열린 마음으로 소통할 수 있다면, 지금까지 여러분이 친구를 사귈 때 느끼던 고민과 스트레스는 거의 다 해결되겠지요. 인간관계의 고민 중 특히 많은 사례는 관계가 꼬이는 것과 참으면서 인간관계를 쌓는 것입니다.

　예전에 싸운 상대이거나 인간관계에서 안 좋은 경험을 한 적 있는 사람이라면, 유독 상대방을 친절한 시선으로 보기 힘들고 대화하기 싫을 수도 있습니다. 또 반대로 언제나 함께하는 사람에 대해서는 상대의 기분을 공유하고자 하는 마음을 특별히 의식하지 않을지도 몰라요. 여러분이 둘도 없는 사람인 것처럼, 상대방도 그런 존재예요. 마음챙김 시점에서 다시금 우리 주변의 인간관계를 파악해 보도록 해요.

나답고 좋은 인간관계를 만들기 위한 마음 상태를 알아봐요

❶ 상냥한 눈빛

다른 사람을 늘 상냥한 기분으로 볼 수 있는 마음 상태.

❷ 감정의 공유와 전달

다른 사람의 마음을 받아들일 뿐만 아니라, 내 마음도 솔직하게 전할 수 있는 상태.

❸ 거리를 두는 상태

대인 관계나 다른 사람의 생각과 접했을 때의 기분을 객관적으로 관찰하면서, 감정과 적당히 거리를 둘 수 있는 상태.

 **포인트 진심을 전하고 마인드풀한 인간관계를 만들자**

특히 의식해서 실천했으면 하는 것은 '내 기분 또는 상대의 기분을 공유'할 때 자신의 진심을 전하는 것입니다. 타인에게 맞추는 것이 습관인 사람에게는 용기가 필요한 기술이지요. 마인드풀한 인간관계는 좋고 싫은 감정에 근거해 만들어지지 않아요. 나다움을 속여서 누군가에게 호감을 얻으려 하는 게 아니라, 있는 그대로인 나를 인정받는 것이 마인드풀한 인간관계입니다.

체크 ☑ 마인드풀한 인간관계 Q&A

☐ 마인드풀한 인간관계는 사이좋은 사람, 친해지고 싶은 사람과만 만들면 돼요. ✕
☐ 마인드풀한 인간관계는 나다움을 드러내 보여도 쌓을 수 있어요. ◯

칼럼 | 제2장 활동을 시작하기 전에

제1장에서 배운 마음챙김 이론을 실천하는 것을 통해 더욱 깊게 이해할 수 있고, 마인드풀한 마음가짐이 조금씩 몸에 뱁니다. 자전거 타는 법을 머리로 이해하고 있어도 바로 탈 수 있게 되는 건 아니듯이, 마음챙김도 실천을 통해 몸에 익혀 가는 개념이에요.

마음챙김을 실천하는 것은 내 마음의 움직임을 관찰하는 일이에요. 그러니 즐겁기만 한 일은 아닐지도 모릅니다. 하지만 실천을 통해 어떤 일에든 탄력 있게 마음이 반응할 수 있게 되고, 있는 그대로의 나에게 자신감이 생기게 됩니다. 그리고 어떤 사람이든지 있는 그대로 받아들일 수 있게 돼요.

제2장에서는 25가지 활동을 소개합니다. 순서대로 해도 좋고, 재미있어 보이는 것부터 해도 좋아요. 꼭 다 할 필요는 없지만 즐길 수 있는 활동으로 엄선해 두었으니 다양하게 도전해 보세요.

상태가 좋지 않을 때나 강한 충격을 받은 직후에는 활동하지 말고 몸과 마음을 쉬게 해 주세요. 마음챙김 활동은 집중력을 많이 소모하므로 오히려 상태가 더 나빠지기도 합니다.

또한, 제2장은 제1장의 내용과 대응하고 있어요. 마음챙김의 어떤 사고방식(이론)을 바탕으로 실천하고 있는지 돌아보면서 활동하기를 권장합니다. 활동의 의미를 이해하면서 실천하는 것이 포인트예요.

마음챙김 활동은 한 달에 한 번 긴 시간 동안 하는 것보다는 매일 조금씩만이라도 계속하는 편이 효과적이에요. 여러분의 마음에 드는 활동을 찾아 매일 계속해 보세요.

제2장

마음챙김
활동

31 몸을 진정시키자

마음챙김의 토대가 되는 휴식을 이해하고 실천해요.

몸이 안정된 상태에서 마음챙김을 실천해요

우리 몸은 마음의 상태를 나타냅니다. 짜증이 났을 때는 몸에 힘이 들어가지요. 기운이 없을 때는 호흡이 얕아지고 아래쪽으로 기운 자세가 됩니다. 이처럼 우리 몸은 마음의 상태가 나쁠 때는 굳어 있거나 힘이 들어가 있는 경우가 많아요. 이 작용을 반대로 생각해서, 몸을 풀면 마음도 진정시킬 수가 있습니다.

마음챙김의 사고방식을 실천하고 활동을 계속하기 위해서는 몸이 편안한 상태여야 합니다. 왜냐하면, 스트레스가 있거나 긴장한 상태에서는 자신의 생각, 감정, 감각과 거리를 두고 관찰하는 것이 어렵기 때문이에요. 물론 마음챙김 활동을 통해 몸의 스트레스와 긴장 상태를 알게 될 수도 있습니다('보디 스캔', 107쪽 참고). 하지만 마음챙김은 휴식이 아니므로 몸과 마음의 긴장이 풀렸을 때 활동하는 편이 효과적이에요. 안정되었는지 아닌지 의식해 본 적이 없다면, 얼굴과 팔, 등, 다리 등에 힘이 들어가 있는지를 확인해 보면 알 수 있을 거예요.

그럼 지금부터 진정했을 때와 긴장했을 때의 몸 상태를 관찰할 수 있는 활동을 해 봅시다.

근육의 긴장과 이완을 체험해요

   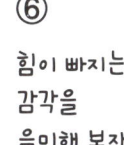 

 **포인트 내 몸의 버릇을 알아 두자**

이 활동의 포인트는 몸에 힘을 넣고 있을 때와 빼고 있을 때의 감각을 느끼는 것입니다. 사람마다 다른 위치에 힘이 들어가므로 우리의 '몸의 버릇'을 조사합시다. 항상 스트레스를 느끼는 사람은 몸이 굳어 있거나 풀려 있는 감각이 무엇인지 모르는 상태일 수도 있습니다. 학교에 가기 전, 자기 전 등 정해진 시간에 스트레칭을 해서 정기적으로 몸 상태를 확인해 보세요.

체크 ✓ 몸의 안정 Q&A ···

☐ 짜증이 났거나 기분이 가라앉아 있을 때는 몸에도 반응이 드러나 있는 경우가 많아요. ○
☐ 몸을 풀거나 스트레칭을 하면 마음도 진정될 수 있어요. ○

32 마음을 진정시키자

급격한 스트레스에 대응하는 법을 이해하고 실천해요

어떤 순간이든 마음이 편해지는 장소나 물건을 만들어 두자

학교나 집에서 안 좋은 일을 겪었을 때, 여러분은 어떻게 마음을 회복하나요? 저는 좋아하는 음악을 듣고, 기르는 아홀로틀과 송사리를 관찰하고, 좋아하는 문구류를 보관한 상자 속을 정리하는 방법으로 마음을 편안하게 한답니다.

거대한 스트레스를 마주하면 불쾌한 기분이 점점 부풀어 올라요. 그럴 때는 몸과 마음을 조금이라도 편하게 하는 것이 우선입니다. 몸에 힘이 들어가 있는 상태에서는 마음도 안정시킬 수 없어요. 따라서 '몸을 진정시키자(70쪽 참고)'에서도 소개한 방법을 이용해 몸을 편안하게 하면서 마음도 천천히 진정시키도록 해요.

어떤 때든 마음을 편안하게 할 수 있는 장소나 활동, 마음이 들뜨는 물건이 든 상자 등을 준비해 두면 좋아요. 점차 마음이 차분해지면 '나 자신의 안 좋은 감정이나 생각에서 거리를 두고 관찰하는 태도'로 대응합시다. 그래도 좀처럼 기분이 전환되지 않을 때는 가족이나 친구, 상담사, 보건실 선생님 등에게 상담하는 것도 고려해 봐요.

부적을 대신하는 장소, 활동, 물건을 챙겨요

① 좋아하는 활동으로 기분 전환!

② 상담사나 보건실 선생님께 상담

③ 짜증 날 때는 몸을 움직이면 좋아요

나만의 부적 리스트를 써 보세요.

 **포인트** **진심으로 편안해지기 위해서 평소에 많이 가까이할 것**

편안함을 느낄 수 있는 장소나 활동, 물건을 접했을 때 실컷 만끽하는 것이 여러분의 마음을 회복시키는 열쇠예요. 우울하지 않을 때도 이런 사물과 접함으로써 더욱 편안함의 효과가 올라갑니다. 힘들 때만 마주하는 장소와 물건은 안정 효과가 점점 흐려지고, 오히려 옛날의 싫은 일도 생각나게 될 수 있으니 주의해야 해요.

체크 ☑ 마음의 안정 Q&A

☐ 마음이 편해지는 곳에 있거나 그런 물건에 접촉하고 있을 때는 그 장소와 물건에 집중하는 것이 중요해요. ○
☐ 내가 괴로울 때만 가는 장소나 편안해지는 물건을 만들어 두는 것이 좋아요. ✕

일상생활에서 들려오는 소리에 집중하자

주의 훈련의 순서를 이해하고 실천해요.

소리에 의식을 집중해서 컨트롤할 것

우리는 일상생활 속에서 다양한 소리를 듣지만, 대부분 의식되지 않고 그대로 귀를 빠져나가고 있어요. 신경 쓰이는 소리만이 소음 속에서도 들리는 것은 귀 자체의 기능이 아니라 집중력의 작용이라고 알려져 있습니다. 반대로 집중이 흐트러질 때와 지쳐 있을 때는 평소에는 들리던 소리가 듣기 어려워지거나, 듣기 싫은 소리가 귀에 들어와서 짜증이 나기도 해요.

지금부터 소개할 마음챙김 훈련은 청각을 이용한 초급 활동으로 '주의 훈련'이라고 해요. 우선 일상생활 속의 소리를 셋 정도 고르고 그중 하나에 집중하는 '한 점 집중 훈련(선택적 주의)'. 그다음은 소리 하나씩 순서대로 집중하는 '이동 집중 훈련(전환적 주의)'. 마지막으로 모든 소리에 동시에 집중하는 '온 집중 훈련(분할적 주의)'과 같은 세 가지 단계를 차례대로 진행합니다.

어떤 음악을 들을 때 우선은 드럼 소리에만 집중하고, 다음은 기타 소리에만 집중하는 식으로 도전해 볼 수도 있겠지요. 또 다양한 일상의 모습을 담은 영상을 발견한다면 그것으로도 한번 시도해 보도록 해요.

주의 훈련 활동을 해요

①일상생활에서 들리는 친근한 소리를 세 가지 찾아보세요.
②가까운 곳부터 먼 곳 등, 다양한 장소에서 들리는 소리를 골라요.

가까운 곳에서 들린 소리, 멀리서 들린 소리를 메모해 봅시다.

포인트 하루에 한 번, 규칙적인 주의 훈련

주의 훈련 활동은 어떤 곳에서든 단시간에 할 수 있다는 것이 장점이에요. 버스에 타고 있는 짧은 시간에도 최적이지요. 매일 한 번 활동하는 것만으로 집중력이 올라가서, 부정적인 생각이 들더라도 그런 생각으로부터 냉정히 거리를 둘 수 있게 돼요. 주의 훈련을 하고 있을 때는 집중력이 예민해진 상태입니다. 만일 졸리면 소리에 집중할 수 없게 되므로, 연습 시간을 줄이는 방법 등으로 우선은 집중이 가능한 상태를 확인한 후 활동하세요.

 주의 훈련의 Q&A

☐ 살짝 졸리고 편안한 상태는 주의 훈련이 적절히 진행될 수 있다는 증거예요.   ✕
☐ 주의 훈련을 하고 있을 때, 딴생각은 누가 뭐래도 떠오르지 않도록 노력할 필요가 있어요.   ✕

34 개구리 활동

호흡에 집중하는 명상법을 이해하고 실천해요.

평소에는 인식하지 않는 '호흡'을 의식해 본다

　호흡에 의식을 기울이는 것에는 신기한 효과가 있어요. 예를 들면 '숨을 고르다', '한숨 돌리다' 등은 마음의 컨디션을 정돈하는 효과를 나타내는 표현이에요. 반대로 '숨차다', '숨이 넘어간다' 등은 마음의 컨디션이 나쁘다는 사실을 나타내는 말이지요.

　마음챙김에서는 숨쉬기에 집중하는 '호흡 명상' 활동이 제일 유명해요. 천천히 숨을 들이쉬고 뱉는 행동에 집중할 때, 배가 부풀었다 오그라드는 모습을 보고 '개구리 활동'이라고 부르게 됐어요.

　개구리 활동은 쉬는 시간과 체육 시간 틈틈이도 할 수 있어요. 매일 하는 것이 이상적이지만, 도저히 그럴 수 없거나 지속하기 어려울 때도 있을 거예요. 그럴 때는 떠올랐을 때 1분 정도만이라도 좋으니 활동해 보세요. 근육을 단련하듯 매일 계속하다 보면 "이 감각이 마음챙김인가 봐!" 하고 알 수 있게 됩니다.

　활동을 시작하면 처음에는 온갖 생각이 떠오를 수도 있습니다. 하지만 마음챙김에서는 딴생각이 떠오르지 않는 상태나 '무(無)'의 상태를 목표하지 않아요. 오히려 딴생각이 떠올랐을 때, 그 생각과 어떻게 공존할지 배우기 위한 활동이라고 할 수 있답니다.

항상 호흡을 의식하는 활동

의자에 앉은 상태에서 호흡을 의식해 봅시다.
짧은 시간이어도 OK! 가능한 만큼 매일 해 보세요.

 **호흡은 편한 자세, 적당한 깊이와 길이로**

활동은 의자에 앉거나 정좌해서도 할 수 있어요. 집중할 때는 길게 유지할 수 있는 자세를 취하고, 자신이 호흡하기 쉬운 깊이로 합니다. 처음에는 1분으로 시작하고 익숙해지면 15분을 목표로 해 보세요. 활동을 막 시작했을 즈음이나 상태가 안 좋을 때는 딴생각이 잔뜩 떠오르기 마련이니 걱정하지 말아요. 다른 사람과 함께할 때는 일정 간격으로 "호흡에 집중합시다."라고 말해 달라고 하는 것도 좋을 거예요.

체크 ✓ 개구리 활동 Q&A

☐ 딴생각이 나면, 떠올리지 않도록 노력해요. ✗
☐ 개구리 활동은 짧은 시간이어도 효과가 있어요. ○

온 집중으로 모든 것을 흡수하자

내가 느끼는 것 모두에 상냥하게 주의를 기울이는 일을 이해하고 실천해요.

느껴지는 것을 전부 관찰하면서 명상해 보자

우리의 뇌는 오감을 통해 다양한 정보를 처리하고 있어요. 예를 들면 수영 릴레이 경기에서 순서를 기다리고 있을 때, 심장이 두근두근 뛴다고 해 봐요. 그 두근거림을 '나 긴장하고 있네', '불안하네'라는 감정과 연결하면 빠르게 헤엄치는 데 좋은 영향은 없겠지요.

마음챙김 훈련에서는 '감정을 평가하지 않는' 연습을 해요. 즉 두근거리고 있는 상태를 '두근거린다'라고 느끼기만 합니다. 신체 감각뿐만은 아니에요. 불쾌한 것이 떠올랐을 때도 '안 좋은 사건의 예감'이라고는 생각하지 말고 '이런 생각이 떠올랐네' 하고 여길 뿐입니다.

그 밖의 오감으로 느끼는 자극에 대해서도 마찬가지예요. 개를 좋아하지 않는 사람은 짖는 소리가 들리면 무섭다고 생각할 수도 있겠지요. 하지만 '개의 울음소리가 들린다'라고만 인식하세요. 중요한 건 느끼지 않으려 하는 것이 아니에요. 제대로 느낀 상태에서 평가하지 않는 태도가 마음챙김의 비법이랍니다.

주변에서 느끼는 모든 것에 부드럽게 주의를 기울여요

①내 몸의 감각에 주의를 기울여요.

②내 감정에 주의를 기울여요.

③바깥에서 오는 시각 정보에 주의를 기울여요.

④떠오르는 생각과 이미지에 주의를 기울여요.

⑤들려오는 소리에 주의를 기울여요.

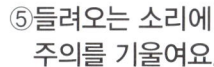
⑥모니터링을 해요.

포인트 모든 것에 주의를 기울이고, 평가하지 않기

온 집중 명상 활동을 할 때는 의식에 흘러들어 오는 자극(생각·감각·감정 등)을 받아들이는 태도로 있어야 해요. 들어온 자극에 대해서 평가하지 않는 것만 신경 쓰기보다는, '알아차리는 것'을 할 수 있다면 OK예요. 온 집중 활동은 모든 일에 주의를 기울이므로 어려운 편이에요.

 온 집중 활동 Q&A

☐ 불쾌한 생각이 떠오르면 다른 것에 집중해서 신경 쓰이지 않게 해요.　✕
☐ 주의가 흐트러진 나 자신의 상태에 부드럽게 주의를 기울이는 것도 활동이 돼요.　○

머릿속의 '호랑이'를 자유롭게 뛰놀게 하자

생각과 상상에 반응하지 않고 그대로 내버려 두는 법을 이해하고 실천해요.

머릿속의 딴생각을 그대로 내버려 두는 연습을 하자

우리는 머릿속에 무언가가 떠오르면, 공상을 점점 부풀리고 말아요. 그것이 즐거운 일이라면 좋겠지만 우울한 내용이라면 그만두고 싶어지지요. 예를 들면 시합에서 실수하는 장면이 떠올랐다고 해 봐요. 그다음으로 동료에게 혼나는 자신을 상상하고, 다시는 일어설 수 없는 모습까지 생각하게 되고…….

안 좋은 이미지가 떠올랐다면 스스로 이리저리 부풀리지 않으면 돼요. 하지만 갑자기 그렇게 할 수 있는 건 아니지요. 평소에 이미지 트레이닝을 해 두면 좋을 거예요.

이제부터 소개할 활동은 호랑이 과제(타이거 태스크)라고 해요. 싫어하지 않는 동물의 이미지를 떠올리고, 그 동물이 돌아다니는 것을 지켜보는 활동이지요. 호랑이를 한번 떠올려 보세요. 만일 호랑이가 움직이지 않고 있다면 가만히 그 모습을 관찰해요. 호랑이가 돌아다니고 있다면, 일부러 멈출 필요는 없습니다. 다만 움직이는 호랑이를 지켜볼 뿐이에요.

이 활동을 반복하여 심상을 그대로 놓아둘 수 있게 된다면, 싫은 장면이 떠오르더라도 그 이미지를 스스로 부풀리는 일은 점차 없어질 거예요.

어떤 이미지든 관찰하는 자세를 고수해요

포인트 호랑이 과제는 자연스러운 상태로 할 것

동물이 잘 상상되지 않을 때는 미리 동물 사진을 보면 좋아요. 그래도 어렵다면 하늘에 뜬 구름을 상상해 봅시다. 우리가 구름을 바라볼 때는 구름의 움직임을 멈추거나 형태를 바꾸려는 생각은 하지 않지요? 무언가를 상상할 때는 무심코 내 생각대로 이야기를 만들거나 변화시키려고 하는 의도가 작용하지만, 어떤 이미지든 그저 관찰하는 자세를 고수합니다.

체크 호랑이 과제 Q&A

☐ 나쁜 이미지가 튀어나왔을 때는 떠오르지 않게 애써 봐요. ✗

☐ 이미지에 대해 관찰하는 태도를 고수하면, 그 이미지 때문에 고민할 일이 없어져요. ○

37 오감을 이용해 골고루 관찰하자

평가하지 않고 오감으로 관찰하는 방법을 이해하고 실천해요.

모든 감각을 활용해서 깊이 관찰해 보자

우리가 무언가를 관찰할 때는 대부분 눈에 의존하고 있어요. 하지만 시각 이외의 감각을 한껏 활용하면 관찰할 대상을 향한 이해도가 깊어집니다. 또, 겉모습으로 보는 인상은 오해를 부르기도 하므로 다양한 관점에서 살펴보는 것이 중요해요.

여러분에게 제 가족 이야기를 잠깐 해 볼게요. 우리 집에 있는 문구 상자에는 똑같은 연필이 50자루 넘게 들어 있습니다. 어느 날, 아이가 "이건 아빠가 쓰던 연필이네."라고 하며 연필 한 자루를 건네주었어요. 전부 똑같아 보이는 연필이었기 때문에 의문스럽게 여기고 이유를 물어봤지요. 그랬더니 '아빠가 쓰던 연필은 단 냄새가 나서'라고 하는 거예요! 저는 달콤한 향기가 나는 핸드크림을 종종 바르곤 합니다. 아이는 그 사실을 눈치챘던 것이지요.

그 밖에도 연필의 강도를 바꿨을 때, '전에 쓰던 연필은 쓸 때 미끄러웠는데, 요즘 연필은 쓸 때 사각사각한 느낌'이라고 생각한 적이 있었어요. 우리가 무심코 하는 일에서도 평소의 감각과 작은 변화를 눈치채는 것이 마음챙김의 한 걸음이에요.

알기 쉬운 특징만으로 전체를 판단하지 않는 훈련

① 우선 특징이 보이는 잎사귀 3장을 준비해요.

② 이어서 잎사귀 5장을 더 준비하고, 전부 섞어요.

③ 잎사귀 8장을 자세히 관찰해요.

④ 모든 잎사귀를 가로세로 2cm짜리 정사각형으로 잘라요.

 **관찰과 평가하지 않는 자세를 연습한다**

이 책을 읽는 여러분이 사회자가 되어 '잎사귀 활동'을 해 봅시다. 잎을 고를 때는 가능하면 특징이 뚜렷한 잎과 비슷한 잎을 준비해요. 이유는 자세히 관찰하기 위해서예요. 또 다른 이유는 평가하지 않는 자세를 배우기 위해서입니다. 즉 한정된 표면적 특징(크기나 흠)만으로 그 잎사귀를 표현할 수는 없다는 사실을 아는 것이지요. 그런 마음으로 친구나 가까운 이웃을 살펴보세요. 분명 눈앞에 있는 사람들의 풍부한 인간성을 알게 될 거예요.

체크 ☑ 오감을 이용한 관찰 Q&A

☐ 관찰할 때는 특징적인 부분을 빠르게 찾는 것이 중요해요. ✕
☐ 다양한 감각을 이용하면서, 편견은 일단 버리고 관찰하는 것이 중요해요. ○

83

'싫어'와 사이좋게 지내보자

거절이나 회피와는 다른 방법을 이해해요.

'싫어'라는 감정을 지속시키는 것은 우리 자신의 의지

여러분은 '고르곤졸라'라는 블루치즈를 먹어 본 적이 있나요? 저는 어렸을 때 이 치즈를 맛본 후 아주 오랫동안 싫어했어요. 고르곤졸라를 좋아하는 사람에게도 거리감을 느낄 정도였지요. 하지만 고르곤졸라 마니아와 결혼하며 먹을 일이 많아지게 됐고, 지금은 상당히 좋아한답니다.

또 저는 그 무렵 마음챙김 실천과 연구를 시작했었는데, 원래는 마음챙김에도 거부감이 있었어요. 하지만 지금은 제 인생을 지탱해 주는 중요한 요소가 되었지요.

이 시기부터 저는 '싫다', '거북하다' 느낀 것을 적극적으로 상대하는 생활을 시작했어요. 유행하는 아이돌 노래를 듣고, 만화 영화를 보고, 도마뱀을 길러 봤지요. 서먹한 선배에게 말을 걸어보기도 했습니다. 그렇게 계속하다 보니 저의 '싫다', '거북하다'는 점점 없어져 갔어요.

그리고 '싫다', '거북하다' 중 대부분은 제멋대로 만든 편견이었다는 걸 깨달았습니다. 무언가를 싫어하게 되는 경험은 흔하지만, 사실 그걸 지속할 필요는 없는 것이지요.

성장하면서 입맛이 변하듯이 우리와 사람들, 물건과 시대는 다양하게 변화해 가요. '싫다', '거북하다'만으로 사물이나 사람을 피하게 되는 건 아까운 일이에요.

'싫다', '거북하다'와 같은 편견에서 스스로를 해방해요

싫지만 나 자신에게는 도움이 될 만한 일을 적어 보세요!

포인트 사람과 사물은 변한다는 사실을 잊지 말자

무언가 싫어졌다고 하더라도 그 순간에만 거북할 뿐이에요. 시간이 흐르면 변하는 것을 잊지 마세요. 싫어하는 것은 사실 굉장히 신경 쓰이는 것이기도 해요. 만일 그 '싫어'를 '좋아', '싫지는 않아'로 뒤집을 수가 있다면 얼마나 멋질까요? 그 첫걸음은 편견을 버리고 싫다고 생각하고 있는 것에 스스로 다가가, 천천히 관찰해 보는 거예요.

체크 싫어하는 사람이나 사물에 도전하기 Q&A

☐ 싫어하는 것에 도전할 때는 호불호에 관한 평가를 하지 말고 있는 그대로 관찰해요. ○
☐ 싫어하는 것에 도전할 때는 긍정적으로 생각해서 도전하면 좋아요. ✕

도전을 통해 현실 또는 자신과 마주한다

목표를 이루는 제일 빠른 길은 계속 도전하는 것이라는 사실을 이해하고 실천해요.

도전이 아니라 실패하는 것을 무서워한다

저는 마음챙김을 만나기 전까지 걱정이 많아서 실패하는 것이 누구보다도 싫었어요. 실패하기 싫어서 더 노력하며 살기도 했지요. 도전할 때는 돌다리를 누구보다도 두드려 보고 건너는 스타일로 모든 것을 대처해 왔어요. 하지만 큰 기회일수록 돌다리를 너무 두드리는 바람에 망친 경험이 정말 많습니다.

마음챙김을 생활에 도입하면서 깨달았어요. 온갖 위험과 실패를 가정하고 자잘한 일을 열심히 하기보다도, 지금 할 수 있는 것에 집중해서 크게 노력하는 편이 효율적이라는 것을 말이지요.

일견 머리에 떠오른 공상을 '현실적인 문제'라고 인식해 버리면, 어떻게 대처해야 한다고 결심하고 노력할 수도 있습니다. 그리고 그런 노력을 하는 중에는 늘 실패나 위험을 생각하고 있으므로, 불안 요소가 되는 공상이 차례차례 펼쳐져서 아무리 해도 안심할 수 없게 되지요. 그럴 때는 머릿속 상상은 현실과는 다르다고 보는 것부터 시작해요. 그리고 가능한 일부터 손을 댑시다. 불안을 해소할 수 있는 것부터가 아니라, 대처하기 쉬운 것부터 시작하면 좋아요.

집중하는 것의 본질을 확인해서 실행해요

● 도전의 목적을 명확하게

집중하고 싶은 것의 목표를 명확하게 정해요.
(예를 들면, 싫어하는 영어 시험에서 70점 이상 받기 등)

● 도전이 실패로 끝나도 괜찮아

목표를 달성하지 못했거나 실수했더라도 그걸로 전부 끝인 건 아니에요.
우선은 노력한 나 자신을 칭찬해 주세요.

도전하고 싶은 것을 한 가지 써 보세요.

포인트 도전하겠다면 걱정보다 우선 행동하자

무언가에 도전할 때는 그 일에만 집중해 보세요. 그리고 염려하기보다 행동해 보는 거예요. 걱정하면서 노력하려고 하면 도전하는 일 자체에 좌절하게 됩니다. 도전에는 위험이 따르지만, 시도하지 않으면 기회는 전혀 없어요. 실패해도 다음 도전권은 준비되어 있답니다. 한 번에 성공하려 하지 말고, 자신이 도전을 반복할 수 있는 상태를 유지하도록 해요.

체크 도전 Q&A

☐ 스스로에게 재능이 없다고 생각하는 것에 대해서는 용의주도하게 준비한 후 도전해요. ✗
☐ 어떤 것에 도전하거나 노력할 때는 위험과 실패했을 때를 가정하고 임해요. ✗

걱정은 저녁 7시까지 미뤄 두자

걱정을 컨트롤하는 방법을 이해하고 실천해요.

매번 계속 걱정하지 말고, 모아서 한꺼번에 걱정하자

　걱정하고 곱씹는 상태는 '물통에 든 흙탕물'과도 같아요. 휘저으면 휘저을수록 탁해지지만, 가만히 놔두면 진흙은 가라앉고 깨끗한 물이 되어 가지요.

　마음챙김 활동은 내 감정과 생각으로부터 거리를 두고 관찰하는 것이 많아요. 하지만 처음부터 거리를 두는 건 어렵게 느껴질 수도 있습니다. 그럴 때는 걱정이나 되새김질을 미뤘다가 재개하는 방법을 시험해 보세요. 걱정거리가 떠오르면 바로 그에 대해 생각해야 한다고 여기기 쉽지만 그렇지 않아요. 초조하게 걱정해도 좋은 해결책은 떠오르지 않습니다. 그러기는커녕 걱정을 오랫동안 하는 것은 '지금 여기'의 시간이 아닌 공상 속 미래를 '지금 여기에 없는' 상태로 경험하고 있는 것이기에 실수가 늘어날지도 몰라요.

　걱정거리가 떠오르면 물통 안의 깨끗한 물을 다시 휘젓지 말고, 걱정하는 시간을 밤이나 정해 둔 저녁 시간까지 미뤄 보세요.

걱정이 시작되면 라벨을 붙이고 내버려 둬요

 **걱정에 대응하는 일은 미루었다가 시간을 정해서 하기**

걱정은 미리 정한 시간에 다시 시작해서, 15분 동안만 하기로 해요. 분명 "뭘 걱정할지 까먹었네.", "15분도 걱정할 수 없었어." 같은 결과가 될 거예요. 걱정이 많은 사람은 걱정할 내용을 잊어버린 것조차 걱정할지 모르겠습니다. 하지만 그렇다면 원체 대단한 일은 아니었던 것이므로 억지로 걱정하지 않아도 괜찮아요.

체크 ✅ 걱정에 라벨 붙이기 Q&A ・・・・・・・・・・・・・・・・・・・・・・・・・・

☐ 걱정은 자기 의지로는 멈출 수 없으므로 아예 걱정하지 않는 것이 중요해요.　　　✕
☐ 걱정할 내용을 잊어버렸다면, 중요한 내용이었을 수도 있으니 떠올려야 해요.　　　✕

'레몬레몬레몬' 활동

말의 위력을 줄이는 방법을 이해하고 실천해요.

말의 지나친 영향력을 완화해 보자

　우리가 쓰는 말에는 신기한 영향력이 있어요. '레몬'이라는 단어를 들으면 입안이 조금 시큼해지는 느낌이 들지요. '칠판을 손톱으로 긁는 소리'라고 하면 등이 오싹해집니다. 말에는 개인적인 경험을 바탕으로 한 이미지에 따라, 기분과 신체 감각에도 영향을 주는 힘이 있는 거예요.

　만일 운동장에 안 좋은 기억이 있다면 분명 '운동장'이라는 단어는 불쾌감을 주는 말로 들릴 수 있겠지요. 단순한 말에 불과한데도 듣는 것만으로 괴로워지기도 해요. 필요 이상으로 몸과 마음을 찌르는 말이 있다면 그 현상을 완화하는 단어 반복 방법을 시도해 보세요.

　예를 들면, '운동장'을 '운', '동', '장'이라는 소리의 연결로 파악하고, 계속 '운동장운동장운동장운동장' 하고 외는 것입니다. 열 번 정도로는 효과가 거의 없지만, 3~5분 반복하면 '……동장운동……' 하는 식으로 내가 무슨 말을 반복하고 있는지 불분명해지게 돼요. 새삼스럽게 운동장이라는 단어를 듣거나 말해 보면, 이전보다 영향력이 작아져 있다는 사실을 알 수 있을 거예요.

말의 위력을 슬쩍 피하는 단어 반복 활동

포인트 　**의미가 소리로 바뀔 때까지 계속 단어를 반복한다**

이 활동은 단어의 의미가 '소리의 연쇄'라고 느껴질 때까지 계속합니다. 불편한 단어를 소리 내어 말하고 있으면 처음에는 싫은 기분을 느낄 수도 있지만, 그래도 계속해 보세요. 무슨 말을 하는지 모호해진 후에도 그저 외는 것에 집중합니다. 그렇게 하면 소리로 표현되었을 뿐인 말에, 내가 과거의 경험이나 공상을 연결하고 있었다는 것을 알아차리게 될 거예요.

체크 　단어 반복 Q&A

☐ 단어 반복 활동으로 말의 영향력이 한 번이라도 사라졌다면, 앞으로도 영향력이 없게 돼요. ✗
☐ 단어 반복 활동을 통해 말은 단순한 말일 뿐이라는 사실을 이해하는 게 중요해요. ○

42 '단어' 활동

말의 의미에 영향받지 않는 방법을 이해하고 실천해요.

**특정 단어에 마음이 움직이는 상황을 깨달았다면,
그 마음의 움직임을 관찰해 보자**

평소에 보는 영상, 주변의 대화 등에서는 불편하다고 느끼는 말을 곧잘 듣곤 해요. 예를 들면 스스로의 외모에 자신이 없는 사람은 '예쁘다', '비만'과 같은 단어를 보고 듣는 것만으로 안 좋은 기분이 되기도 합니다. 장래에 대해 고민하는 사람은 '떨어진다', '시험'과 같은 단어를 들으면 마음이 술렁일지도 모르지요.

마음에 조금 걸리는 정도라면 문제는 아니에요. 그런데 이런 단어를 보고 듣는 순간 머릿속에서 빙글빙글 기분 나쁜 이미지가 되살아나나요? 혹은 걱정되기 시작하고 기분이 가라앉나요? 그렇다면 자유연상법이라는 '단어 활동'을 해 보는 것을 추천해요.

이 활동을 통해 그림, 전기, 고양이, 차 등의 감정이 움직이지 않는 무독한 단어와 마찬가지로, 불편한 단어를 접해도 부정적인 감정이 활성화되지 않게 됩니다.

다양한 단어를 '소리'로서 듣고 흘리자

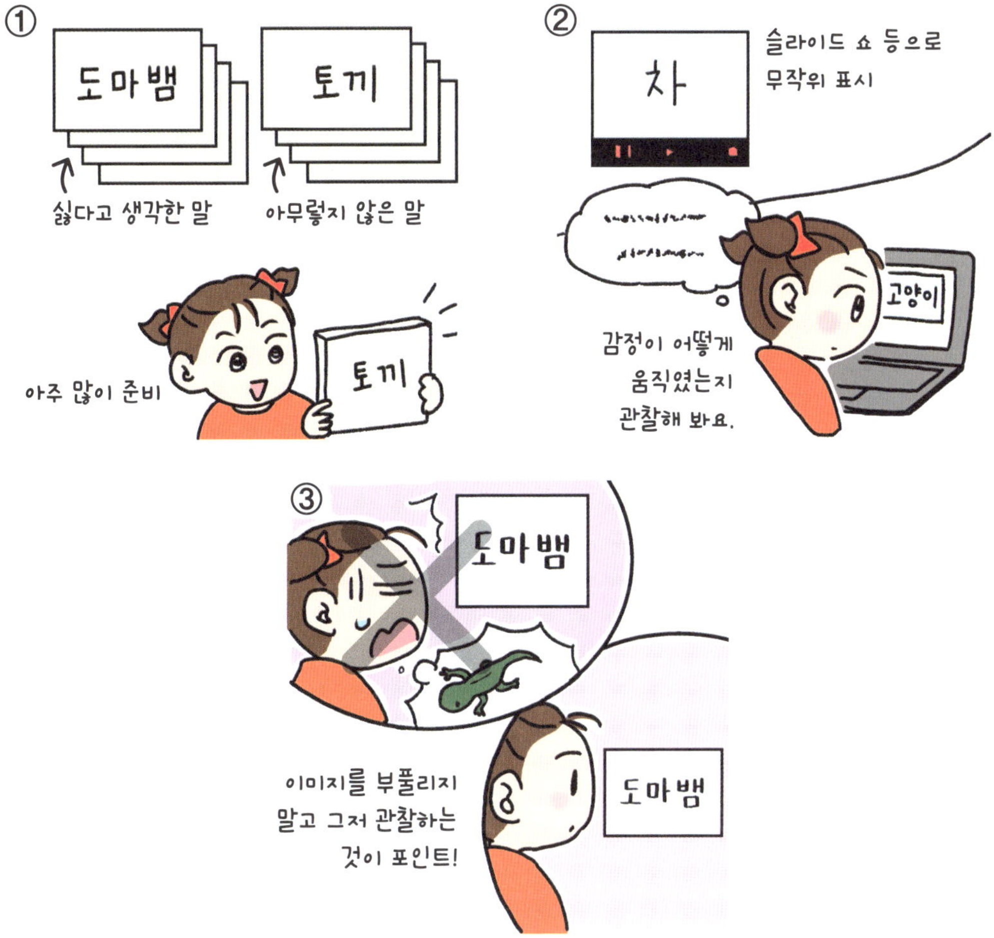

① 싫다고 생각한 말 / 아무렇지 않은 말 / 아주 많이 준비

② 슬라이드 쇼 등으로 무작위 표시 / 감정이 어떻게 움직였는지 관찰해 봐요.

③ 이미지를 부풀리지 말고 그저 관찰하는 것이 포인트!

 **자유연상법 활동으로 과민 반응을 조금씩 줄이자**

이 활동은 우리 마음의 움직임을 관찰해서, 과도하게 반응하지 않도록 하는 것을 목표해요. 불편한 이미지가 상기되는 단어로 시도하는 건 힘든가요? 그렇다면 싫음 레벨이 중간 정도인 것부터 도전하면 좋을지도 몰라요. 싫어하는 단어를 접해서 마음이 움직이는 건 당연한 일이므로 그 상태를 가만히 관찰해 봅시다.

체크 ✓ 자유 연상법 Q&A

- ☐ 싫어하는 단어에 대해서는 의미를 부여하거나 이미지를 부풀리지 말고 관찰하는 것을 명심해요. ○
- ☐ 싫어하는 단어를 많이 보고 익숙해짐으로써 감정을 없애는 것을 목표로 열심히 해요. ✗

찝찝함은 잎에 실어 강으로 흘려보내자

불쾌한 생각과 감각을 받아넘기는 방법을 이해하고 실천해요.

내 머릿속에 불쾌한 생각과 감각을 쌓지 않는 방법

    기분 나쁜 경험을 하면 그 순간의 이미지가 우리 머릿속을 점령하고 있는 것처럼 느껴집니다. 이미지가 일단 떠오르면 나도 모르게 의미를 부여하고, 마치 연상 게임처럼 점점 비슷한 싫은 이미지를 떠올리게 돼요.

    그중에는 스스로 만들어 낸 가상의 싫은 이미지도 있어요. 하지만 생각하지 않으려 하면 오히려 더 불쾌한 심상이 솟아나고 말아요. 그래서 나로서는 방법이 없다고 느낄 수도 있습니다. 바로 '흰곰 효과' (46쪽 참고) 현상이에요.

    이럴 때 효과적인 것은 '이미지를 받아넘기는' 방법입니다. 이미지는 단순한 머릿속 사건일 뿐이며 현실이 아니에요. 애써 지우려고 하지 않더라도 영향력은 없으므로 띄워 두기만 하면 된답니다. 그리고 잠시 후에 머릿속 구석으로 흘려 버리세요. 받아넘기는 방법은 많이 있으니, 여러분에게 잘 맞는 방식을 찾아보도록 해요.

이미지를 받아넘기는 나만의 방법을 찾아봐요

 **포인트** 받아넘기기 활동은 안정된 상태에서 명확히 진행하자

이 활동은 흥분했거나 초조할 때는 효과가 충분히 나오지 않아요. 차분한 기분일 때 천천히 활동해 봅시다. 이미지가 잘 이해되지 않는다면 실제로 잎사귀를 집어 보거나, 구름을 바라보며 해도 좋아요. 이 방법에 익숙해지면 여러분이 제일 흘려보내기 쉬운 이미지를 이용해 보세요.

체크 ✓ 받아넘기기 활동 Q&A

☐ 불쾌한 생각과 감각을 흘려보낼 때는 적극적으로 빠르게 흘리는 이미지를 생각해요. ✗
☐ 받아넘기기 활동은 불쾌한 생각과 감각을 모아 뒀다가 한 번에 흘려보내는 편이 효율적이에요. ✗

생각한 것은 나 같으면서 내가 아니다

부정적인 생각과 거리를 두는 법을 이해하고 실천해요.

떠오른 생각은 '그렇다고 상상했을 뿐'이고 현실은 아니에요

어떤 안 좋은 일을 겪고 기분이 나쁠 때는 생각지도 않았던 불쾌한 이미지가 떠오르게 됩니다. 전에 누군가에게 심한 말을 들었던 기억이 되살아날 때마다 기분이 나빠지는데, 무심코 생각해 버리는 상태가 계속되면 '지금도 욕을 먹고 있는 건 아닐까?', '자꾸 생각나는데, 무슨 경고 같은 걸까?' 하고 현실적으로 고민하고 말지요.

하지만 여러분이 초능력자가 아닌 한 떠오르는 생각은 단순한 생각이에요. 무슨 의미가 있거나 예언인 건 아니지요. 이 불쾌한 상상들은 어떻게 해 보려고 애쓸수록 떠오르는 빈도와 생각하는 시간이 길어지게 돼요.

이런 상상이 떠오른 것을 빠르게 눈치채고 '아, 부정적인 생각을 했네', '누가 날 욕하고 있는 건 아닌가 하는 생각을 했네' 하고 어디까지나 '떠올랐을 뿐', '생각했을 뿐'이라는 자세로 지내봅시다. 여러분의 뇌는 창의적인 상상을 할 수 있지만, 뇌를 나쁜 방향으로 쓰는 것은 아깝지요. 불쾌한 생각이나 심상이 떠오르면 '그렇다고 생각했을 뿐'이라고 객관적인 태도로 생각을 관찰하고, 마음속으로 보고해 보세요.

불쾌한 생각에 휘말리지 않는 방법을 찾아요

나는 ○○라고 생각했다

생각을 캐릭터로 만들자

말꼬리를 귀엽게 바꿔 보자

캐릭터를 만들어 봐요.

포인트 생각과 감정으로부터 거리를 두는 법

우울한 만큼 우울해하고 화낼 만큼 화내는 편이 시원하다고 여겨지지만, 사실 부정적인 기분이 회복되고 있는 상태를 착각하는 것에 지나지 않아요. 그보다도 일상에서는 마음에 드는 말 등을 외치면서, 생각이나 감정을 관찰하며 거리를 두는 쪽이 도움이 됩니다. 엄청나게 화가 났거나 우울해하는 동안에는 다른 사람과 어울릴 수 없고, 좋은 일은 아무것도 없어요.

체크 ✓ 생각과 거리를 두는 법 Q&A

☐ 싫은 생각과 감정은 철저하게 생각하거나 감정을 토해 내는 것으로 해소하면 좋아요. ✕

☐ 자기 생각과 감정을 보고할 때의 말끝에는 내가 좋아하는 단어를 사용해 봐요. ○

다양한 글자를 정성스럽게 쓰자

글자를 정성스레 쓰는 활동을 통해 마음을 컨트롤하는 방법을 이해하고 실천해요.

마음이 동요하면 글씨에 드러나요

여러분이 쓰고 있는 한글은 신비롭고도 과학적인 원리로 만들어졌어요. 자음과 모음을 조합하여 수많은 소리를 문자로 적어 낼 수 있지요. 하지만 공부할 때는 문자를 정성스레 쓰기보다는, 자기 생각을 정리하기 위해서 읽을 수 있을 정도로만 쓰는 것을 우선할 때가 많아요. 특히 바쁜 상황 속에서는 정성을 들일 마음의 여유도 없으니 글씨를 너저분하게 쓰게 됩니다.

이렇게 마음의 여유가 글씨에 드러나는 현상은 여러분도 경험한 적 있을 거예요. 저절로 너저분하게 글을 쓰는 습관이 있다면 그건 '마음에 여유가 없는 상태'라고 할 수 있겠지요.

서둘러서 쓰든 정성을 담아 쓰든 걸리는 시간은 크게 변하지 않을 거예요. 마음에 여유가 없을 때일수록 심호흡을 하고 글씨를 성의 있게 써 봅시다. 조급한 마음이 진정되고 생각이 정리되거나, 더욱 많은 내용이 기억에 남을 거예요.

저절로 손이 움직이는 익숙한 글자를 일부러 천천히, 정성스레 써 봐요

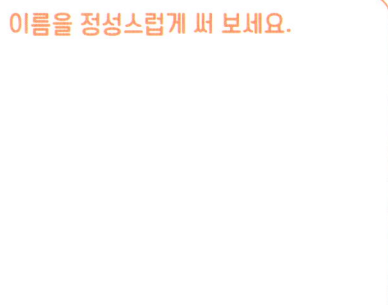

이름을 정성스럽게 써 보세요.

 포인트 서예 활동의 요령

이름은 살아가면서 제일 많이 쓰는 단어 중 하나예요. 만일 글자를 서둘러 쓰고 있다면 그때의 기분(초조함 등)을 깨닫고, 느긋한 호흡의 리듬을 타면서 정성을 들이는 데 집중하세요. 혹은 꾸준한 베껴 쓰기나 서예 시간을 정해서 성의를 담은 쓰기 활동을 하는 것도 좋겠지요.

체크 ☑ 정성스러운 글자 Q&A

☐ 글씨를 예쁘게 쓸 수 있다면 정성보다는 빠르게 쓰는 편이 좋아요. ✗

☐ 너저분한 글자가 나올 만큼 바쁠 때일수록 정성을 담아 써 봐요. ○

일을 정성껏 해 보자

내가 하는 일을 전체적으로 바라보면서 집중하는 방법을 이해하고 실천해요.

진정하고 일에 집중함으로써 마음을 안정시키자

　항상 무언가에 쫓기고 있는 듯 생활하는 사람도 있을 거예요. 진정할 수 있는 시간대가 와도 왠지 마음이 편안해지지 않거나 뒤숭숭해서 눈앞에 있는 일을 마주할 수 없는 때도 있겠지요.

　어떤 일에 진정하고 임할 수 있는 마음 상태를 갖추기 위해 '색칠 활동'을 소개해요. 마음을 평온하게 하려면 딴생각을 제쳐 놓고, 정성껏 느긋한 기분으로 색칠하면 좋아요. 마음이 불안정할 때는 효율을 중시해서 단숨에 칠하려고 하거나 색칠에 골몰할 수도 있습니다. 그런 상태인 것을 알아차린다면 심호흡을 해 보세요. 그리고 종이와 색연필이 스치는 감각, 그 감각으로 칠하고 있을 때의 색 농도 등에 신경 써 봅시다. 마음이 진정되고 집중력이 돌아오면 활동을 그만하기 좋은 시점에 조용히 끝내세요.

　공부할 때도 색칠 활동처럼 편한 기분으로 집중해 봐요. 조급하게 공부할 때보다 내용이 머리에 더 잘 들어올 거예요. 오로지 손을 움직이는 '공장식 작업'도 때로는 필요하지만, 주의 깊게 집중하면 많은 것을 얻을 수 있습니다. 우선은 색칠 공부 활동으로 감을 잡아 보세요.

칠하고 있는 그림과 나 자신을 관찰해요

아래 그림을 느긋하게 칠하면서, 그림과 내 마음을 관찰해 보세요.

포인트 칠하는 감각에 집중한다

색칠 활동을 할 때는 잘했는지 아닌지 판단하지 마세요. 칠하고 있는 감각과 집중하는 상태를 중요하게 여기는 거예요. 색칠은 오랫동안 하기보다는 20분 정도 집중할 수 있는 그림을 고르는 편이 더 좋을지도 모릅니다. 다 칠한 작품은 소중히 보관하고, 스트레스를 느낄 때 꺼내 보도록 해요.

체크 색칠 활동 Q&A

☐ 삐져나오지 않도록 깔끔하게 칠하는 것을 제일 중요시해요. ✕
☐ 칠하고 있는 그림의 전체 모습을 관찰하며, 색칠하는 감각과 집중하고 있는 상태에 대한 알아차림을 중요시해요. ○

자세를 취하는 명상

수동 명상 방법을 이해하고 실천해요.

내 몸의 위치와 움직임을 의식하며 생활해 보자

방금 책장을 넘긴 손의 움직임을 기억하는 사람은 거의 없을 거예요. 예로부터 인류는 손을 솜씨 좋게 움직여서 거의 모든 생활 속 동작을 해내고 있습니다. 하지만 그 손의 움직임이나 감각에는 주의를 기울이는 일이 별로 없어요. 마치 저절로 움직이는 것처럼 다루지요.

잠깐 쉬는 시간이거나 보던 영상 또는 게임이 끝날 때, 평소와는 다르게 손을 움직여 봅시다. 그리고 그 손이 움직이는 감각을 자세히 관찰하고 음미해 보세요.

우리 손이 얼마나 굉장한지 알 수 있을 거예요. 또 손을 움직이면서 멋지다고 생각하는 자세를 취해 보세요. 형태를 정할 때는 우선 손의 감각에 집중해야 합니다. 집중할 수 있게 되면 손의 위치, 감각의 강도 등을 의식해 보세요. 딱 맞는 이상적인 자세를 추구함으로써 내 마음의 상태도 알아차릴 수 있습니다. 이 하나의 흐름을 수동 명상이라고 해요.

검도 시합에서, 상대를 마주했을 때 그 사람의 강함을 느낄 수가 있습니다. 그 상대의 자세와 깔끔한 몸가짐은 매일 훈련하는 것으로 몸에 밴 거예요. 우리도 깔끔하고 강한 자세를 손에 넣어 봅시다.

자세 하나하나 깔끔하고 정성스럽게 해 보세요

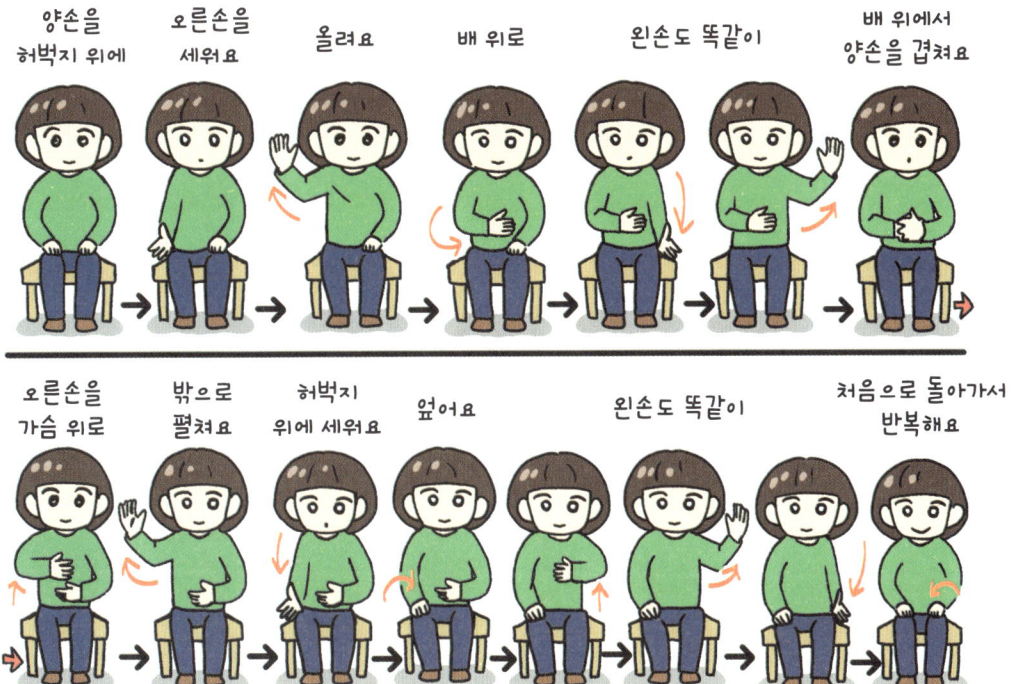

깔끔한 자세를 의식하며 해 봐요. 손과 팔의 감각뿐만이 아니라, 몸 전체로 주의를 점점 넓혀 가요.

 **움직이는 손의 감각에 집중한다**

수동 명상을 할 때는 동작 하나하나를 향한 '알아차림'이 중요해요. 오른손을 움직일 때는 '오른손이 여기 있네' 하고 알아차리는 것부터 시작해서, 손을 움직일 때와 멈출 때도 그 감각을 관찰하고 곱씹어요. 손이 매끄럽게 움직이지 않는다, 손이 떨린다, 딱 맞게 멈추지 않는다고 느낄지도 몰라요.

체크 ✓ 수동 명상 Q&A

☐ 손을 빠르게 움직여서 스트레칭 같은 수동 명상을 해요. ✗
☐ 손의 감각을 의식하면서 동작을 하나하나 관찰해요. ○

외계인이 되어 지구의 건포도를 먹자

일상 속에서 새로운 감각을 느낄 수 있다는 것을 이해하고 실천해요.

전부 새로운 체험이라고 생각하고 온몸으로 관찰해 보자!

우리는 아무렇지 않게 일상을 보내곤 해요. 밥도 음미하지 않고 대충대충 먹고, 필기도구도 별다른 의식 없이 사용하고 있지요. 새삼스레 돌아보면 우리는 다양한 물건, 사람, 환경과 아무렇지도 않게 어울리는 경우가 정말 많아요.

마음챙김의 비법은 '지금 여기'에 '의도적'으로 관여하는 거예요. 시간을 조금 들여서 그동안 무심했던 것과 신선한 기분으로 마주해 봅시다.

그러기 위해서는 외계인이 되어 볼 필요가 있습니다. 만일 외계인으로서 지구 여행을 왔다면 모든 물건과 사람, 환경이 신선하게 느껴지겠지요. 눈앞에 있는 감자 칩도 지구에서만 손에 넣을 수 있는 귀중한 음식이니 먹을 기회는 한 번뿐이라는 마음으로, 하나씩 정성 들여 음미해 봅시다. 또 여러분이 쓰고 있는 연필은 그림을 그리거나 적기 위한 도구로서 지구인이 사용하는 물건이에요. 어떻게 손에 쥐겠나요? 종이에 문질렀을 때의 감각, 연필의 냄새는 어떤가요? 그리고 오늘 날씨는요? 이곳에는 계절이라는 게 있다는데, 몸으로 느낄 수 있나요? 비에는 냄새가 있나요?

어떤가요? 외계인이 되어 보면 평소에는 눈치채지 못했던 것을 신선하게 느낄 수 있을 거예요.

지구의 건포도를 먹어요

포인트 한 달에 한 번 '외계인의 날'을 만들자

모든 일을 온몸으로 느끼며 생활하다 보면 지치고 말겠지요. 그러니 '외계인의 날'을 정해서 정기적으로 활동해 보세요. 음식뿐만이 아니라 평소에 쓰고 있는 도구, 등하굣길의 경치에도 시선을 줘 보세요. 여러분이 보내고 있는 일상은 수많은 자극으로 가득 차 있어요!

체크 ✔ '외계인의 날' 활동 Q&A

☐ 다양한 음식을 먹거나 도구를 쓸 때 온몸의 감각으로 느끼면 활동이 돼요. ○
☐ 건포도 맛을 정확히 알기 위해서는 입에 한가득 넣고 먹으면 좋아요. ✕

내 몸을 스캔하자

신체를 인식하면서 몸과 마음을 조화시키는 것에 대해 이해하고 실천해요.

내 몸을 스캔하면서 마음 상태도 조사하자

우리의 마음은 몸과 이어져 있어요. 예를 들면 화가 났을 때는 몸이 굳어 있고, 불안할 때는 몸도 긴장하고 있지요. 긴장과 분노를 눈치챌 수는 있지만, 그때 몸이 어떤 상태인지는 알아차리지 못하기도 합니다.

몸에는 다양한 스트레스가 쌓입니다. 보디 스캔은 내 몸을 구석구석 주의를 기울여 훑어보면서, 자신의 감각과 감정을 알아차리는 활동이에요. 마치 작아진 내가 어두운 몸속을 손전등으로 비추며 관찰하고 있는 느낌이지요. 보디 스캔은 위를 보고 누워서 하는 명상이므로 익숙하지 않으면 졸릴 수 있습니다. 그때는 가끔 일어나서 잠을 깨 보세요.

마음챙김은 긴장을 푸는 활동이 아니에요. 따라서 항상 의식이 분명할 때 해야 합니다. 활동은 침대 위를 비롯해 어디서든 할 수 있지만, 30분 정도 걸리므로 체온 조절이 가능한 환경을 만들면 좋아요. 이 활동은 몸과 마음에 스스로 관심을 가지고 상냥하게 돌보는 방향으로 이어집니다. 피로를 푸는 데 도움이 된다고도 하니 꾸준히 계속해 보세요.

몸과 마음의 피로감을 받아넘기자

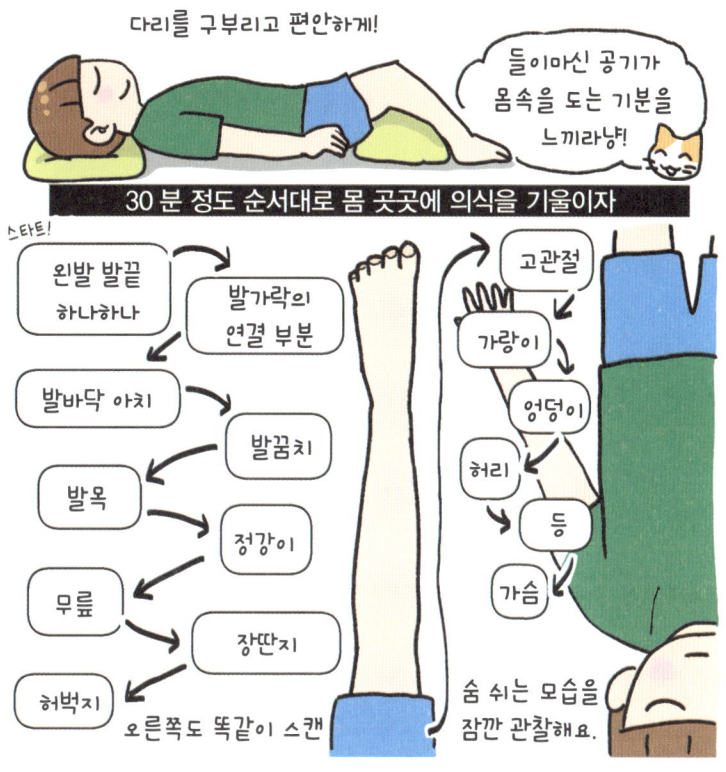

 **보디 스캔을 매일 습관처럼**

이 활동은 하루에 두 번, 한 번당 30~45분 들여서 느긋하게 하는 것을 추천해요. 두 번 하기 어렵다면 한 번 할 때의 시간을 조금 길게 해 보세요. 몸이 좋지 않거나 강한 스트레스를 받고 있을 때는 휴식하고 안정을 취하는 것을 명심하세요.

체크 ☑ 보디 스캔 Q&A ·······················

☐ 아프거나 몸이 힘들 때도 반드시 보디 스캔 활동을 해야만 해요. ✗
☐ 스캔하고 있을 때 느끼는 감각 또는 감정의 원인, 이유를 찾아봐요. ✗

걷기 명상으로 새로운 발견

일상 속의 동작에 의도적으로 주의를 기울이는 명상 방법을 이해하고 실천해요.

'걷는 것'에 일부러 주의를 기울이고, 평소와는 다른 감각을 체험해요

걸을 때는 '오른발을 내밀고, 왼팔을 앞으로 흔들고, 다음은 왼발을 앞으로…' 하고 일일이 동작을 생각하며 걷지 않지요. 하지만 발을 심하게 다쳤을 때는 걷기 동작이 자연스럽게 되지 않아서 놀라고 다리의 기능에 감사하기도 해요. 그래도 완치되면 우리는 평소처럼 또 동작에 익숙해지고, 또 무심하게 계속 걸어갑니다.

아무런 의식도 하지 않고 자연스레 이루어진다는 면에서는 숨쉬기와 비슷하기도 합니다. 자연스러운 것에는 고마움을 느끼기 어려울 수도 있어요. 하지만 걷기 동작에는 숨은 공신인 발바닥이 있습니다. 우리는 보통 신발을 신고 있어서 발바닥이 땅의 질감을 느낄 기회가 없지요.

마음챙김의 목적은 감각에 주의를 기울임으로써 새로운 알아차림을 얻는 것이에요. 걷기 동작도 마음챙김 활동에 적합하답니다. 여러분의 학교 운동장은 어떤 질감인가요? 잔디 위를 천천히 걸으면 어떤 느낌이 들까요? 걸을 때 신발과 맨발은 같은 감각일까요?

걸을 때 발바닥에 주의를 기울여요. 그리고 발바닥의 어느 부분부터 땅에 닿고, 어떤 감각을 느낄 수 있는지 경험하고 차분히 관찰해 보세요.

땅의 질감을 발바닥으로 느끼면서 성실하게 걸어 봐요

①
큰 나무가 됐다고 생각하며 서 봐요.
듬직

②
서서 개구리 활동 (76쪽)을 1분 정도 하고, 집중되기 시작하면 발바닥을 의식해요.

③
한쪽 발을 앞으로 내밀어요.
앞발에 힘이 실리고 뒷발에서 힘이 빠지는 것을 느껴 봐요.

④
뒷발을 앞으로 내밀어요.
③번과 똑같이 천천히 중심을 옮기면서 힘의 이동을 느껴요.

⑤
③과 ④를 반복해요.
발뿐만이 아니라 온몸에 들어가는 힘을 느끼며 걸어요.

⑥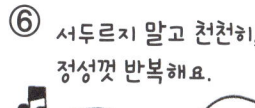
서두르지 말고 천천히, 정성껏 반복해요.
호흡과 보조를 맞춰 봐도 좋아!

 **포인트** **걸으면서 '지금 여기'를 체감한다**

걷기 명상의 장단점은 거리와는 관계없어요. 짧은 거리나 좁은 공간이더라도 몸의 감각을 통해서 '지금 여기'를 느끼는 것이 포인트예요. 또 걸으면 기분 전환도 되지만, 걷기는 기분에 좌우되어 시작하는 활동이 아니에요. 어떤 때든 걷는다는 동작과 그때의 신체 감각을 통해 '지금 여기'를 체험하는 것을 중시해 주세요.

체크 걷기 명상 Q&A

☐ 걷기 명상에서는 많은 거리를 걷는 것이 중요해요. ✕
☐ 걷기 명상은 기분이 좋지 않을 때 기분 전환으로 하면 좋아요. ✕

109

몸의 균형을 이용해 마음의 균형을 정리한다

몸을 이용해 집중하는 방법을 이해하고 실천해요.

마음 상태는 몸의 균형과 자세에 드러나요

짜증이 날 때는 몸 곳곳에 힘이 들어가 있어요. 반대로 온몸의 힘을 빼고 안정을 취하면서 계속 분노하는 것은 힘든 일이지요. 무기력할 때는 늘어져 책상에 엎드리거나, 그렇게까지 하진 않더라도 등을 구부리고 턱을 괴고 있을 거예요.

이처럼 우리의 마음 상태는 몸에 힘이 들어가는 방식과 균형에 큰 영향을 끼치고 있습니다.

화가 났거나 우울할 때는 스스로가 어떤 자세인지, 몸에 힘이 들어가는 방식과 균형이 어떻게 되어 있는지 모르지요. 그럴 때는 균형(밸런스) 활동을 해 보세요. 여러분의 마음이 나쁜 상태일 때는 평소보다 몸의 균형을 유지하기가 어렵다고 느낄 거예요.

우리는 보통 서 있을 때 아무것도 의식하고 있지 않아요. 하지만 이 활동을 통해 서 있을 때의 균형 상태를 강하게 의식할 수 있을지도 몰라요. 가장 중요한 것은 두 발로 섰을 때 묵직하게 땅에 몸무게가 실려 있는 감각이에요. 그때, 한 발씩 설 때 느끼는 균형을 잡는 감각을 양발로 의식할 수 있으면 좋겠지요.

몸 쓰는 법을 의식하면서 마음 상태를 이해해요

① 몸을 잘 풀고 심호흡하고 마음을 진정시켜요.

② 팔을 펼치고 한쪽 발로 서요. 우선은 왼발부터

③ 턱을 당기고 허리는 펴세요. 다음은 오른발

④ 처음에는 각각 30초가 목표! 익숙해지면 1분 동안 해 봐요.

⑤ 흔들려도 바로 원래 자세로 돌아오면 OK. 휘청 몸과 호흡에 의식을 돌려요.

⑥ 묵직! 마지막으로 양발로 서서 무게 있는 힘을 느껴 봐요.

포인트 앉아 있을 때도 균형을 의식한다

균형 활동은 앉아 있을 때도 응용할 수 있어요. 발바닥이 묵직하게 땅에 붙어 있는 감각, 엉덩이가 의자에 빈틈없이 밸런스 있게 닿아 있는 감각을 곱씹어 보세요. 균형 활동을 잘할 수 있으면 호흡 명상 등의 활동도 더욱 능숙하게 할 수 있게 됩니다.

체크 ✓ 균형 Q&A

☐ 한쪽 발로 서기를 할 때는 몸의 감각을 느끼는 것보다는 장시간 기록에 도전하는 것이 중요해요. ✗

☐ 양발로 서거나 앉은 상태로 하는 활동에서, 자신이 균형을 잡기 쉬운 포지션을 찾는 것이 중요해요. ○

52 껄끄러운 사람에게 말을 걸어 보자

편견에서 빠져나오는 법을 이해하고 실천해요.

불편한 부분만 의식하지 말고, 좋은 부분도 의식해 보자

제 경험담을 이야기하자면, 저는 원래 사람들과 어울리는 게 어려웠어요. 그 사실에 쭉 열등감을 느꼈지요. 스스로 인간관계를 피하는 한편 쓸쓸하다고 생각하기도 했습니다. 예를 들면, 예전에 크게 혼이 난 일로 껄끄러워진 선배가 있었어요. 그 사람을 보면 황급히 피해 다니기만 했습니다.

하지만 마음챙김을 만난 뒤 '어떤 변화'가 일어났어요. '내가 변한 것처럼 선배도 예전과는 다르지 않을까? 그런데 내가 그 사람의 옛날 이미지에 얽매여 있어서, 현재의 모습을 못 보고 있는 건지도 몰라' 하고 의문을 가진 거예요.

그렇게 생각한 후로는 선배를 발견하면 인사를 하러 갔고, 대화도 조금씩 하게 됐어요. 모든 사람에게 똑같은 시선을 향할 수 있게 되고서 한 가지 더 깨달은 것도 있습니다. 바로 인간관계에서는 타인에게 '어떻게 생각되고 있는가?'보다도 우리가 '상대를 어떻게 생각하고 싶은가?'에 의식을 기울이는 것이 중요하다는 사실이에요.

교류가 힘든 사람은 대부분 자신감이 없고, 생각을 전하는 데 서투르기도 해요. 자신의 감정에서 도망치기 위해 인간관계를 피하기도 십상이지요. 어떤 자신이든 소중한 존재로 받아들여 보세요.

아무리 봐도 불편한 사람이 있다면, 피하기보다는 거리를 벌리는 이미지로

사람은 늘 계속 변화하고 있다는 것을 기억하라냥.
상대를 거부하거나 피하면 우리에게도 돌아올 때가 있다냥!

포인트 사람에게 관심을 가지고, 적정한 거리의 관계성 만들기

껄끄러운 사람이더라도 회피하지 말고 흥미나 관심을 가지면서, 때로는 거리를 두며 관찰해 봐요. 반대로 없어지면 불안해서 견딜 수 없는 사람이 있나요? 그렇다면 의존 관계가 되지 않고 자립한 상태에서의 관계성을 만들기 위해서, 스스로의 감정 등에 대해서도 냉정하게 살펴봅시다.

체크 ☑ 거리 두는 법 Q&A

☐ 나다움이 훼손되거나 내가 고장 날 것 같은 관계성은 선택하거나 거리를 두는 게 중요해요. ○
☐ 마인드풀한 관계성은 모두와 사이좋게 지내야만 하는 관계성이에요. ✗

53 잠들기 전에 나와 모두의 행복을 빌자

자애와 자비의 명상법을 이해하고 실천해요.

자신과 타인에게 일상적으로 상냥한 시선을 향해 보세요

유독 상냥하고 배려심 깊은 사람도 있을 거예요. 하지만 혹시 그 친절의 배경에 '자기희생'이 있지는 않은가요? 만일 그렇다면 그 친절은 뼈를 깎는 괴로운 희생의 산물이에요.

가령 자신을 버리면서까지 잘해 주고 있다는 걸 안다면, 상대는 그 사실을 받아들여 줄까요? 만일 친구가 힘겹게 친절을 베풀고 있다면 분명 "너 자신을 소중히 해."라고 설득해 볼 거예요.

스스로를 상냥하게 대하는 것을 힘들어하는 사람도 많습니다. 그렇게 하면 '자신에게 무른 것'이라고 느낄 수도 있겠지요. 또 자신을 채찍질하는 것으로 목적을 달성해 왔으니, 엄격함이야말로 성공의 토대라고 생각할지도 모르겠어요. 하지만 나를 소중히 하면서 힘낼 수도 있답니다. 그리고 그러는 편이 나답게 앞으로 나아갈 수 있겠지요.

지금부터 여러분에게 자애와 자비의 명상을 소개할게요. 여기서는 '스스로를 향한 자애(慈愛)'가 제일 중요해요. 나 자신을 상냥하게 대하는 일이 응석을 부리는 짓이라고 굳게 믿었다면 오산이에요. 왜냐하면, 과도하게 스스로를 몰아세우면서 열심히 달리는 것보다, 자신을 칭찬하고 위로하고 용기를 북돋아 일어서면서 나아가는 쪽이 더 의지가 필요하기 때문입니다.

자애 명상으로 모두의 행복과 평화를 바라요

① 우선 나 자신의 행복과 평화를 바라요.

② 다음으로는 좋아하는 사람

③ 좋지도 싫지도 않은 사람

④ 싫은 사람, 불편한 사람

⑤ 살아 있는 모든 것 전부

⑥ 끝으로 한 번 더 자신의 행복과 평화를 바라요.

자비의 명상 기본 문장
부모님이 행복하게 해 주세요.
선생님이 안 힘들게 해 주세요.
친척들이 건강하게 해 주세요.
민지네가 평화롭게 해 주세요.

포인트 자기 자신을 향한 자애는 강함의 증표

나를 비난하는 것은 간단해요. 하지만 나를 돌보는 것은 마음이 강한 사람만 할 수 있어요. 처음에는 실감되지 않을 수도 있겠지만, 활동을 통해 조금씩 자신을 향한 상냥함을 느껴 봅시다.

체크 자애의 명상 Q&A

☐ 자비의 문장은 주문처럼 되풀이하는 게 중요하며, 구체적으로 사람을 상상할 필요는 없어요.   ✕

☐ 아무리 해도 자비의 문장을 보낼 수가 없다면 그 부분은 넘어가도 괜찮아요.   ○

115

상냥한 마음을 주고받자

상냥한 마음을 전하는 감각과 받는 감각을 이해하고 실천해요.

다른 사람과 친절을 주고받는 것은 어렵지 않아

우리는 사이가 가까워질수록 '말하지 않아도 내 호의는 전해지고 있을 거야' 하고 생각하고 맙니다. 그리고 말로 전하기를 꺼리거나 받는 것을 의식하지 않게 되지요. 그런 상태가 길게 유지되면 친절을 전하거나 느끼는 것, 나아가서는 전하는 일 자체를 할 수 없게 됩니다.

여러분 가까이에 있는 소중한 사람과 마주 보고 상냥함을 교환하는 '대인 자비' 활동을 해 보세요. 쑥스러울 수도 있겠지만 멋쩍은 마음과 저항감이 커지면 커질수록 활동을 하는 가치가 높아집니다. 소중한 사람에게 친절을 전하거나 받는 것은 본래 어렵지도 않고 부끄러운 일도 아니에요.

그리고 상대로부터 마음을 솔직하게 받아 보세요. 이 활동을 소중한 사람과 할 수 있게 되었다면, 더 많은 사람과 함께해 보는 것을 목표하면 좋을 거예요.

상냥함을 주고받는 일에 의식을 동시에 기울여 봐요

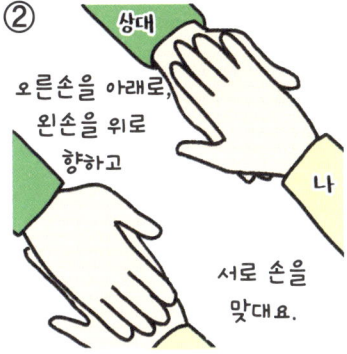

 대인 자비 활동의 요령

활동할 때는 진지하게 하도록 해요. 친구가 하는 모습을 장난스럽게 보는 건 안 돼요. 이성 친구와 할 때도 가능한 한 안정된 자세로 임합시다. 우선은 가족들끼리 습관적으로 할 수 있다면 좋을 거예요.

체크 ✓   대인 자비의 Q&A

☐ 마음에 드는 상대와만 활동하면 돼요.   ✕
☐ 쑥스러운 기분이나 멋쩍은 기분이 들어도, 활동은 해도 돼요.   ◯

나를 행복하게 하는 순환을 만드는 명상

자신에게 자애를 베푸는 방법을 이해하고 실천해요.

우선은 나를 향한 상냥한 시선과 자애로운 마음을 가져요

    자존심과 자기 긍정감은 나답게 살기 위해 중요한 감각이에요. 스스로에게 자신을 가진 사람은 적을지도 모르겠어요. 그렇다고 해서 자신을 부끄러운 존재라고 느낄 필요는 없는데, 우리는 스스로 상처 주는 말을 던지고 있는 경우가 많습니다.

    예를 들면 다른 사람에게는 함부로 '바보'나 '돼지'라고 하지 않는데, 나 자신에게는 아무렇지도 않게 말한다면 자존감은 점점 사라질 거예요. 어떤 일에 부딪힐 때 스스로 상처를 주는 말은 도전을 방해하고 더 나아지고자 하는 마음을 약하게 만들기도 해요.

    진정한 자존감이란 싫어하는 것이나 결점을 없앰으로써 얻을 수 있는 게 아니에요. 다른 사람과 비교해서 우월하다는 것에 자신을 갖는 것도 아니지요. 어떤 자신이라도 맨 처음으로 좋아하게 되는 사람은 자기 자신이었으면 해요. 그리고 싫어하게 되는 사람도 자기 자신이 마지막이었으면 합니다. 스스로를 친절하게 대하는 것은 응석을 받아 주는 행동이 아니에요. 적극적으로 나 자신에게 상냥함을 주려고 하는 태도는 정말 소중해요.

자신에게 상냥한 말을 건네고, 그것을 솔직한 마음으로 받아들이자

① 손과 손을 겹쳐요.

② 위쪽 손에서 아래쪽 손으로 나를 향한 자비(상냥함)를 보내요.

보내기

③ 아래쪽 손으로 자비를 받아요.

받기

손바닥에서 자비가 순환하는 이미지로

④ 나를 향한 자비를 몸 전체에 돌게 해요.

포인트 | 소중한 사람을 대하듯이 자신에게도 상냥하게 해 보자

여러분이 다른 사람을 친절한 마음으로 생각하듯이, 우선은 자신에게 적극적으로 상냥한 시선을 향해 보세요. 만약 여러분에게 잘해 주는 사람이 자기를 부끄럽다고 생각하고 있거나, 자신의 존재 가치를 낮게 보고 있다면 어떤 말을 하겠나요? 그 말을 먼저 스스로에게 던져 보세요.

체크 나를 향한 자비 Q&A

- ☐ 자비 명상을 하고 있을 때 괴로운 감정이 생기면 잠시 관찰해 봐요. ○
- ☐ 호흡의 리듬을 중요시하면서, 천천히 주의 깊게 자신을 향한 상냥함을 느껴요. ○

칼럼 | 아이와 함께 마음챙김을 접하는 어른분들께

아이와 함께 마음챙김에 집중할 때는 아이가 느끼는 것과 의아하게 생각하는 것을 부정하지 말고 차분히 귀를 기울여 주세요. 아이의 발언이 마음챙김인지 아닌지 따지는 시점으로 듣는 것이 아니라, 체험을 공유하는 기분이 중요해요. '어른과 아이'의 관계를 넘어 서로 느낀 것 등을 공유함으로써 여러 가지를 깨달을 수 있습니다.

활동할 때는 어떤 목적이 있는지 확인한 후 시작해요. 예를 들면 '개구리 활동'을 무작정 계속하면 폐활량이 늘어날 뿐 마인드풀한 마음은 길러지지 않아요. 책을 읽고 조금 실천하는 것만으로는 마음챙김이 몸에 배지 않아요. 그러니 서두르지 말고 천천히 임하는 자세를 중요하게 생각합시다.

이 책에서 소개한 이론과 활동은 아이가 혼자 할 수 있도록 설명했지만, 어른과 함께하거나 다른 아이들도 모아서 다 같이 하면 즐거운 인간관계를 만들 수 있게 됩니다. 학교나 가정에서 할 때는 "이번 주는 대인 자비 활동을 해 볼까?" 하고 한 가지를 골라 천천히 집중하면서 체험을 자주 공유하면 좋겠지요.

우리 어른들은 '아이에게 시키기', '가르치기' 모드일 때가 많지만, 마음챙김의 '한 부분에 집중하기' 자세는 오히려 우리가 아이에게서 배울 점이 있습니다. 어른이 마음챙김에 대해 생각하고 실천하는 것만으로도 아이는 크게 바뀌어요. 마음챙김의 개념은 아이를 혼내거나 지도하기 위한 것이 아니라는 것을 항상 의식합시다.

아이가 자신감을 가지게 하기 위한 소중한 마음을 우리 어른들이 마인드풀하게 전해 가도록 해요.

후기

　마음챙김(마인드풀니스) 강연회를 하다 보면 "제 마음챙김의 사고방식과 활동이 옳은 건가요?" 등의 질문을 자주 받습니다. 서점에 늘어선 책을 읽어도 제각각 다르게 쓰여 있으므로, 올바른 방법은 대체 어떤 것인지 혼란스러워하는 사람도 많이 있는 듯해요.

　그럴 때는 마음챙김의 올바름을 추구하기보다는 마음챙김의 실천을 통해 '깨달은 것'이 중요하다는 사실을 알아 두었으면 해요. 예를 들면, 마음챙김 활동을 실천하고 있으면 잡생각이 많이 떠오릅니다. 그럴 때는 잘되지 않고 있을지도 모른다는 의문과 불안을 느낄 수 있어요. 하지만 잡생각이 많이 떠오르고 있는 상태를 눈치챘다는 것이 멋집니다. 마음챙김은 '알아차림'이 하나의 포인트이므로 잡념이 떠올랐다는 사실을 알고 있으면 됩니다.

　현대 사회는 어릴 때든 어른이 되고 난 후든 할 일이 잔뜩 있습니다. 새로운 기술이 보급될 때마다 사람이 할 일은 줄어든다고 하지만, 과제를 효율적으로 소화할 필요가 있으므로 현실은 천천히 생각하면서 일하기가 불가능할 정도로 바빠져 있습니다. 이럴 때는 마음챙김 상태와는 정반대로 아무것도 생각하지 않고 저절로 작업하는 '자동 조종 상태'가 도움이 되기까지 해요. 하지만 자동 조종 상태는 심신을 상상 이상으로 힘들게 하고, 가까운 행복을 깨닫지 못하는 생활에 매몰시켜 버립니다. 그렇기에 마음챙김의 사고방식과 활동을 의식적으로 실천하는 것이 중요하지요. 그리고 이 마음챙김 사고방식을 주변 사람들과 공유했을 때 행복한 변화가 일어난다고 생각합니다.

　이 책에서는 여러분이 일상생활을 여러분답게 보낼 수 있도록, 마인드풀한 사고방식과 스킬을 가능한 한 많이 소개했습니다. 하지만 이러한 사고방식이어야만 한다는 의미는 아니고, 모든 활동을 실천해야만 하는 것도 아닙니다. 보고 싶은 부분부터, 마음에 드는 사고방식이나 활동을 가벼운 마음으로 실천해 봐 주세요.

　이 책은 마인드풀한 동료들과 함께 완성했습니다. 집필 중에는 직장 이동이나 이사 등의 혼란스러운 상태일 때도 있었습니다만 편집자인 사이토 아키코 씨로부터 늘 따스한 격려를 받아 끝까지 즐겁게 쓸 수 있었습니다. 정말 감사하고 있어요. 또 후지와라 노리코 씨가 그림을 담당해 주신 것도 정말 행운이었지요. 말로 설명하는 것이 어려운 부분을 표현해 주셔서, 저를 포함한 많은 사람이 귀여운 그림에 도움을 받았으리라 생각합니다.

　이 책을 읽어 준 여러분이 조금이라도 편안해지거나 마음챙김을 계속해 볼까 생각해 준다면 정말 기쁠 거예요.

　마지막으로 제게 마인드풀한 기분을 가져다주는 아내 지즈코와 언제나 제게 행복을 느끼게 해 주는 리라쿠, 다케카즈에게 진심으로 감사합니다.

가와무라 학원 여자대학 문학부 심리학과,
와세다대학 응용뇌과학 연구소
이마이 쇼지

저자 소개

이마이 쇼지

가와무라 학원 여자대학 문학부 심리학과 교수, 와세다대학 응용뇌과학 연구소 초빙 연구원. 와세다대학 대학원 박사 과정을 수료하고 일본 학술진흥회 특별 연구원, 와세다 대학 응용뇌과학 연구소 객원 준교수를 거쳐 현직에 이른다. 주의나 메타 인지 기능의 관점에서 심리 증상이나 심리 요법의 메커니즘에 대해 연구, 실천하고 있다. 공인 심리사, 임상 심리사, 특별지원교육사 슈퍼바이저, 지도건강심리사.

IRASUTOBAN KODOMONO MINDFULNESS: JIBUN NI JISHINGAMOTERU 55NO HINT by Shoji Imai
Copyright© Shoji Imai, 2023
All rights reserved.
Original Japanese edition published by GODO-SHUPPAN Co., Ltd.
Korean translation copyright© 2023 by LUDENS MEDIA Publishing Co., Ltd.
This Korean edition published by arrangement with GODO-SHUPPAN Co., Ltd., Tokyo, through Office Sakai and Shinwon Agency.

이 책의 한국어판 저작권은 Shinwon Agency 를 통해
GODO-SHUPPAN Co., Ltd. 와 독점 계약한 루덴스미디어㈜에 있습니다.
저작권법에 의하여 한국 내에서 보호를 받는 저작물이므로 무단 전재 및 복제를 금합니다.

역자 이호경
상명대학교 일어교육과를 졸업하였다.

- ●장정   모리야 요시아키 + 무츠키샤
- ●본문 디자인   고토 요코
- ●일러스트   후지와라 노리코

똑똑하게 레벨 업 시리즈 ❾
내 맘 살피기

저자 이마이 쇼지
역자 이호경
찍은날 2023년 11월 1일 초판 1쇄
펴낸날 2023년 11월 10일 초판 1쇄
펴낸이 홍재철
편집 이호경
디자인 장지윤
마케팅 황기철·안소영
펴낸곳 루덴스미디어(주)
주소 경기도 고양시 일산동구 무궁화로 43-55, 604호(장항동, 성우사카르타워)
홈페이지 http://www.ludensmedia.co.kr
전화 031)912-4292 | **팩스** 031)912-4294
등록 번호 제 396-3210000251002008000001호
등록 일자 2008년 1월 2일

ISBN 979-11-93026-56-4 74180
ISBN 979-11-88406-33-3(세트)

결함이 있는 책은 구입하신 곳에서 바꾸어 드립니다.
값은 뒤표지에 있습니다.

5분 후 의외의 결말 시리즈

앗, 하는 사이에 **읽어서**
앗, 하고 놀라는 **결말**

일본 시리즈 합계 **440만부** 판매 돌파!

↓ 『5분 후 의외의 결말』

① 붉은 악몽 ② 푸른 미스터리 ③ 백색 공포 ④ 검은 유머 ⑤ 노란 희비극

↓ 『5분 후 의외의 결말 ex』

① 오렌지빛으로 불타는 주문
③ 가시가 있는 장밋빛 인생
⑤ 아쿠아마린에서 쏟아지는 눈물
② 에메랄드로 빛나는 풍경
④ 초콜릿색의 쓰디쓴 엔딩
⑥ 백은의 세계에서 소멸되는 기억

↑ 『5초 후 의외의 결말』

① 판도라의 빨간 상자
② 미노타우로스의 푸른 미궁
③ 아폴론의 노란 태양

↑ 『고민 해결부』

① 결성과 그 결말
③ 초조와 그 암약
⑤ 평화와 그 한계 (예정)
② 영광과 그 자만
④ 성장과 그 긴장 (예정)
⑥ 부활과 그 증명 (예정)

↑ 『5분 후 의외의 눈물』

① 세계가 붉게 물드는, 그 순간에
② 푸른 별의 자그마한 사건

코믹컴 | 전화 | 031)912-4292 팩스 | 031)912-4294 루덴스미디어(주) http://www.ludensmedia.co.kr

서바이벌 만화 생태상식

(전 10권)

돌연변이의 공격은 아직 끝나지 않았다!
목숨을 건 쫓고 쫓기는 추격전이 펼쳐진다!

글 코믹컴 | 그림 네모 | 올컬러

정글에서 살아남기 전 10권 세트

서바이벌 만화 수학상식

(전 8권)

가상의 세계에서 펼쳐지는
인류의 운명을 건 수학 서바이벌!

글 류기운 | 그림 문정후 | 올컬러

수학세계에서 살아남기 전 8권 세트

코믹컴 전화 | 031)912-4292 팩스 | 031)912-4294 루덴스미디어(주) http://www.ludensmedia.co.kr